Dr. Oetker

Gefüllte Gemüse

Dr. Oetker

Gefüllte Gemüse

Vorwort

Ob Frühling, Sommer, Herbst und Winter zu – jeder Jahreszeit gibt es frisches Gemüse.

In diesem Buch beweisen über 40 überraschende Kreationen, dass Gemüse nicht nur in rohem Zustand oder als Beilage köstlich ist, sondern noch besser schmeckt, wenn es gefüllt wird.

Dies eröffnet Ihnen neue Möglichkeiten, um die verschiedensten kulinarischen Vorlieben Ihrer Familie oder Ihrer Gäste unter einen Hut zu bringen.

Ein Klassiker, den wahrscheinlich jeder kennt, ist die gefüllte Paprikaschote. Doch das Prinzip Gemüse auszuhöhlen und zu füllen, lässt sich auch auf andere Gemüsesorten übertragen. Ausgehöhlte Auberginen, Gemüsezwiebeln, Tomaten und Zucchinis schmecken wunderbar, wenn sie mit Fleisch, Geflügel, Fisch oder einem Gemüseragout gefüllt werden.
Sie werden von der Vielfalt der gefüllten Gemüsekreationen begeistert sein.

Alle Rezepte wurden erprobt und so beschrieben, dass die Gerichte leicht nachzukochen sind

Abkürzungen

EL = Esslöffel
TL = Teelöffel
Msp. = Messerspitze
Pck. = Packung/Päckchen
g = Gramm
kg = Kilogramm
ml = Milliliter
l = Liter
Min. = Minuten
Std. = Stunden
evtl. = eventuell
geh. = gehäuft
gestr. = gestrichen
TK = Tiefkühlprodukt
°C = Grad Celsius
Ø = Durchmesser
E = Eiweiß
F = Fett
Kh = Kohlenhydrate
kcal = Kilokalorien
kJ = Kilojoule

Hinweise zu den Rezepte

Die Rezepte sind – wenn nicht anders angegeben – für 4 Personen berechnet. Lesen Sie vor der Zubereitung – besser noch vor dem Einkauf – das Rezept einmal vollständig durch. Oft werden Arbeitsabläufe oder -zusammenhänge dann klarer. Die in den Rezepten angegebenen Gartemperaturen und -zeiten sind Richtwerte, die je nach individueller Hitzeleistung des Backofens über- oder unterschritten werden können. Beachten Sie die Gebrauchsanweisung des Herstellers.

Zubereitungszeiten

Die Zubereitungszeit ist ein Anhaltswert für die Zeit der Vorbereitung und die eigentliche Zubereitung, die Garzeiten sind, in der Regel, gesondert ausgewiesen.
Bei einigen Rezepten setzt sich die Gesamtgarzeit aus mehreren Teilgarzeiten zusammen. Längere Wartezeiten wie z. B. Kühl- und Auftauzeiten sind nicht einbezogen.

Gefüllte Mini-Paprikaschoten

4 kleine rote Paprikaschoten
(je etwa 100 g)
4 kleine grüne Paprikaschoten
(je etwa 100 g)

Für die Füllung:
1 Bund Zitronenthymian
600 g Schellfisch
1 Ei (Größe M)
100 ml Schlagsahne
Salz
frisch gemahlener Pfeffer
1 kleine Staude Sellerie (etwa 400 g)
2 Fleischtomaten (je etwa 150 g)
4 EL Olivenöl
100 g entsteinte Oliven
200 ml Gemüsebrühe oder -fond

Zubereitungszeit: 60 Minuten, ohne Abkühlzeit
Garzeit: 40–50 Minuten

Pro Portion:
E: 33 g, F: 27 g, Kh: 12 g, kJ: 1811, kcal: 432

1 Von den Paprikaschoten einen Deckel abschneiden. Kerne und die weißen Scheidewände entfernen. Die Schoten waschen und abtrocknen.

2 Für die Füllung Thymian abspülen und trockentupfen. Die Blättchen von den Stängeln zupfen. Blättchen fein hacken.

3 Schellfisch unter fließendem kalten Wasser abspülen, trockentupfen, in sehr kleine Würfel schneiden und in eine Schüssel geben. Thymian, Ei und Sahne hinzugeben. Die Zutaten gut miteinander vermengen. Mit Salz und Pfeffer würzen. Die Füllung in die Paprikaschoten geben und kalt stellen. Die Deckel wieder auflegen.

4 Staudensellerie putzen und die harten Außenfäden abziehen. Sellerie waschen, abtropfen lassen und in kleine Stücke schneiden. Tomaten waschen, abtrocknen, die Stängelansätze herausschneiden. Tomaten vierteln, entkernen und in kleine Stücke schneiden.

5 Olivenöl in einem Bräter erhitzen. Selleriestücke darin andünsten. Oliven und Tomatenstückchen hinzugeben. Mit Salz und Pfeffer würzen. Die gefüllten Paprikaschoten in den Bräter setzen. Gemüsebrühe oder -fond hinzugießen. Den Bräter auf dem Rost in den Backofen schieben.

Ober-/Unterhitze: etwa 180 °C (vorgeheizt)
Heißluft: etwa 160 °C (nicht vorgeheizt)
Gas: Stufe 2–3 (nicht vorgeheizt)
Garzeit: 40–50 Minuten.

Beilage: *Salzkartoffeln oder Butterreis mit geriebenem Parmesan-Käse bestreut.*

Mangold mit Hähnchenbrustfilet gefüllt

4 Hähnchenbrustfilets (je etwa 120 g)
6 EL Speiseöl
Salz
frisch gemahlener bunter Pfeffer
1 Staude Mangold (etwa 500 g)
Salzwasser
2 Fleischtomaten (etwa 200 g)
125 g Mozzarella-Käse

Für das Möhren-Kartoffel-Püree:
300 g Kartoffeln
300 g Möhren
Salzwasser
100 ml warme Milch
frisch geriebene Muskatnuss

Außerdem:
Holzstäbchen

Zubereitungszeit: 45 Minuten
Garzeit: etwa 35 Minuten

Pro Portion:
E: 39 g, F: 17 g, Kh: 17 g,
kJ: 1624, kcal: 389

1 Hähnchenbrustfilets unter fließendem kalten Wasser abspülen und trockentupfen. 3 Esslöffel von dem Speiseöl in einer Pfanne erhitzen. Die Hähnchenbrustfilets von beiden Seiten je etwa 4 Minuten darin braten. Mit Salz und Pfeffer würzen.

2 Mangold putzen, gründlich waschen, abtropfen lassen. Die dicken Blattstiele in 1–2 cm lange Stücke schneiden, beiseite legen. Salzwasser in einem Topf zum Kochen bringen. Mangoldblätter darin etwa 1 Minute blanchieren. Anschließend in ein Sieb geben, mit kaltem Wasser übergießen, abtropfen lassen. Jeweils 2 Mangoldblätter übereinander legen. Hähnchenbrustfilets darin einwickeln. Mit Holzstäbchen feststecken.

3 Restliches Speiseöl in einem Bräter erhitzen. Die beiseite gelegten Mangoldstiele darin andünsten, etwas Wasser hinzugießen und etwa 5 Minuten schmoren lassen. Die Hähnchenbrustrouladen darauf legen.

4 Tomaten waschen, abtrocknen und die Stängelansätze herausschneiden. Tomaten und Mozzarella in Scheiben schneiden. Die Hähnchenbrustrouladen mit je 2 Tomaten- und Mozzarellascheiben belegen. Den Bräter auf dem Rost in den Backofen schieben.

Ober-/Unterhitze: etwa 200 °C (vorgeheizt)
Heißluft: etwa 180 °C (nicht vorgeheizt)
Gas: Stufe 3–4 (nicht vorgeheizt)
Garzeit: etwa 35 Minuten.

5 Für das Püree Kartoffeln waschen, schälen, abspülen. Möhren putzen, schälen, waschen. Kartoffeln und Möhren abtropfen lassen, würfeln. Kartoffel- und Möhrenwürfel mit Salzwasser bedeckt zum Kochen bringen, in etwa 25 Minuten gar kochen und abgießen.

(Fortsetzung Seite 10)

Kartoffel- und Möhrenwürfel durch eine Kartoffelpresse drücken. Milch unterrühren. Mit Salz, Pfeffer und Muskat würzen.

6 Hähnchenbrustrouladen aus dem Bräter nehmen, mit Salz und Pfeffer würzen und auf einer Platte anrichten. Hähnchenbrustrouladen mit dem Gemüse und Möhren-Kartoffel-Püree servieren.

Preiswert

Champignon-Tomaten

4 mittelgroße Tomaten
Salz
frisch gemahlener Pfeffer
150 g Champignons
Saft von 1 Zitrone
etwas Weißwein
1 TL Butter
3 EL Schlagsahne
2 Scheiben gekochter Schinken
Butter
1 Bund Schnittlauch

Zubereitungszeit: 50 Minuten, ohne Kühlzeit

Pro Portion:
E: 8 g, F: 6 g, Kh: 2 g, kJ: 444, kcal: 106

1 Tomaten waschen, abtrocknen und die Stängelansätze herausschneiden. Von jeder Tomate einen Deckel abschneiden. Kerngehäuse und Trennwände vorsichtig mit einem Teelöffel herauslösen. Die Tomaten innen mit Salz und Pfeffer bestreuen.

2 Champignons putzen, mit Küchenpapier abreiben, evtl. abspülen, trockentupfen, in Scheiben schneiden. Mit Zitronensaft beträufeln. Champignonscheiben in Weißwein 5–7 Minuten gar dünsten und erkalten lassen.

3 Butter in einer Pfanne zerlassen. Die Champignonscheiben darin erhitzen. Sahne unterrühren und die Flüssigkeit etwas einkochen lassen. Schinken in Würfel schneiden und zu den Champignonscheiben geben. Mit Salz und Pfeffer abschmecken.

4 Die Schinken-Champignon-Masse in die ausgehöhlten Tomaten füllen. Butter in Flöckchen darauf setzten. Tomaten in eine flache Auflaufform setzen. Die Form auf dem Rost unter den vorgeheizten Backofengrill schieben und etwa 10 Minuten übergrillen.

5 Schnittlauch abspülen, trockentupfen und in feine Röllchen schneiden. Die Tomaten mit Schnittlauchröllchen garniert servieren.

Tipp: *Die Champignon-Tomaten eignen sich gut als Vorspeise. Für ein Hauptgericht verdoppeln Sie bitte die Zutaten.*

Gefüllte Rotkohlblätter

Wasser
Salz
(auf 1 l Wasser 1 TL Salz)
1 Kopf Rotkohl (1600–1800 g)
600 g Bratwurstbrät
1 Gemüsezwiebel (etwa 300 g)
200 g weiße oder rosa Champignons
4 EL Speiseöl
Salz
frisch gemahlener Pfeffer
gemahlener Kümmel
1 Bund Suppengrün (etwa 500 g, küchenfertig vorbereitet), z. B. Möhren, Porree (Lauch), Knollensellerie
200 ml Fleischbrühe

etwas Basilikum

Zubereitungszeit: 65 Minuten, ohne Abkühlzeit
Garzeit: etwa 50 Minuten

Pro Portion:
E: 23 g, F: 51 g, Kh: 10 g, kJ: 2439, kcal: 583

Tipp: *Den restlichen Rotkohl in feine Streifen schneiden, blanchieren, in Eiswasser abschrecken, abtropfen lassen und für Rotkohlgemüse einfrieren.*

1 Wasser mit Salz zum Kochen bringen. Inzwischen vom Rotkohl die äußeren welken Blätter entfernen. Den Rotkohl abspülen, den Strunk unten keilförmig herausschneiden. Den Rotkohl so lange in kochendes Wasser legen, bis sich die äußeren Blätter lösen. Diesen Vorgang wiederholen, bis etwa 8 Blätter sich lösen lassen und etwas weich sind. Die Blätter abtropfen lassen und trockentupfen. Dicke Blattrippen flach schneiden.

2 Bratwurstbrät in eine Schüssel geben. Gemüsezwiebel abziehen, würfeln. Champignons putzen, mit Küchenpapier abreiben, evtl. abspülen, abtropfen lassen, klein schneiden. 2 Esslöffel von dem Öl in einer Pfanne erhitzen. Die Hälfte der Zwiebelwürfel darin glasig dünsten. Champignonstücke hinzugeben und mit andünsten, etwas abkühlen lassen. Champignonstücke zu der Brätmasse geben und unterarbeiten. Mit Salz, Pfeffer und Kümmel würzen.

3 Suppengrün in Würfel schneiden. Restliches Öl in einem Bräter erhitzen. Gemüse- und die restlichen Zwiebelwürfel darin andünsten. Brühe hinzugießen. Den Bräter von der Kochstelle nehmen.

4 Jeweils 2 Rotkohlblätter übereinander legen. Die Brät-Champignon-Masse darauf verteilen. Die Blätter seitlich einschlagen und aufrollen. Die Rouladen mit der Nahtseite nach unten auf das angedünstete Gemüse setzen. Den Bräter auf dem Rost in den Backofen schieben.

Ober-/Unterhitze: 180–200 °C (vorgeheizt)
Heißluft: 160–180 °C (nicht vorgeheizt)
Gas: etwa Stufe 3 (nicht vorgeheizt)
Garzeit: etwa 50 Minuten.

5 Die gefüllten Rotkohlblätter mit dem Gemüse anrichten und mit Basilikum garniert servieren.

Gefüllte Gemüsezwiebeln mit einem Pilzauflauf

4 Gemüsezwiebeln (je 350–400 g)
Salzwasser

Für die Füllung:
200 g rosa Champignons
200 g Pfifferlinge
100 g magerer roher Schinken
1 kleines Bund Thymian
2 EL Speiseöl
Salz
frisch gemahlener Pfeffer
2 Eier (Größe M)
125 ml (⅛ l) Schlagsahne
2 EL Speiseöl
80 g geriebener Emmentaler-Käse

einige Thymianzweige

Zubereitungszeit: 40 Minuten, ohne Abkühlzeit
Backzeit: etwa 45 Minuten

Pro Portion:
E: 21 g, F: 31 g, Kh: 19 g, kJ: 1848, kcal: 441

1 Zwiebeln abziehen und die Wurzelenden gerade schneiden. Zwiebeln abspülen, trockentupfen und quer halbieren. Salzwasser zum Kochen bringen. Die Zwiebelhälften etwa 15 Minuten darin blanchieren. Zwiebelhälften in ein Sieb geben, mit kaltem Wasser übergießen, gut abtropfen und abkühlen lassen, bis auf 3 Schichten aushöhlen. Zwiebelinnere in kleine Würfel schneiden.

2 Für die Füllung Pilze putzen, mit Küchenpapier abreiben, evtl. abspülen. Große Pilze in kleine Stücke schneiden. Schinken in kleine Würfel schneiden. Thymian abspülen und trockentupfen. Die Blättchen von den Stängeln zupfen.

3 Speiseöl in einer großen Pfanne erhitzen. Schinken-, Zwiebelwürfel und Pilze darin andünsten. Thymianblättchen unterrühren. Mit Salz und Pfeffer würzen.

4 Die ausgehöhlten Zwiebelhälften in eine große flache Auflaufform geben. Die Zwiebelhälften mit der Pilz-Zwiebel-Masse füllen. Eier mit Sahne verschlagen und darüber gießen. Die Form auf dem Rost in den Backofen schieben.

Ober-/Unterhitze: 180–200 °C (nicht vorgeheizt)
Heißluft: 160–180 °C (nicht vorgeheizt)
Gas: etwa Stufe 3 (nicht vorgeheizt)
Backzeit: etwa 45 Minuten.

5 Die gefüllten Zwiebelhälften nach etwa 30 Minuten Backzeit mit Käse bestreuen und weitere 10–15 Minuten überbacken. Thymian abspülen und trockentupfen. Die gefüllten Gemüsezwiebeln mit Thymianzweigen garniert servieren.

Gefüllte Fencheltaschen

4 Fenchelknollen (je etwa 300 g)
Salzwasser

Für die Füllung:
200 g fest kochende Kartoffeln
2 dicke Möhren (etwa 200 g)
½ Knollensellerie (etwa 200 g)
1 kleine Stange Porree
(Lauch, etwa 200 g)
3 EL Speise- oder Olivenöl
200 ml Gemüsebrühe (Fenchelbrühe)
Salz
frisch gemahlener Pfeffer

120 g geriebener Parmesan-Käse

Zum Garnieren:
1 Bund Kerbel

Zubereitungszeit: 55 Minuten
Garzeit: etwa 10 Minuten

Pro Portion:
E: 16 g, F: 19 g, Kh: 18 g,
kJ: 1283, kcal: 306

Beilage: *Kartoffelgratin.*

1 Von den Fenchelknollen braune Stellen und Blätter entfernen. Wurzelenden gerade schneiden. Fenchelknollen aufblättern. Fencheltaschen mit Stiel beiseite legen. Ausgehöhltes Fenchelfleisch in Streifen schneiden.

2 Salzwasser in einem großen Topf zum Kochen bringen. Fenchelschalen hinzufügen und 8–10 Minuten blanchieren. Fenchelschalen mit einer Schaumkelle herausnehmen, mit kalten Wasser übergießen und in einem Sieb abtropfen lassen. Von der Fenchelbrühe 200 ml abmessen.

3 Für die Füllung Kartoffeln waschen, schälen und abspülen. Möhren und Sellerie putzen, schälen und waschen. Porreestange putzen, längs halbieren und waschen. Das Gemüse abtropfen lassen und in Streifen schneiden.

4 Speise- oder Olivenöl in einer großen Pfanne erhitzen. Zuerst Kartoffelstreifen, dann Möhren-, Sellerie- und Porreestreifen darin andünsten. Fenchelbrühe hinzugießen. Die Zutaten 6–8 Minuten dünsten lassen. Mit Salz und Pfeffer würzen.

5 Die Fencheltaschen in eine große flache Auflaufform setzen und mit den Gemüsestreifen füllen. Mit Käse bestreuen. Die Form auf dem Rost in den Backofen schieben.

Ober-/Unterhitze: 220–240 °C (vorgeheizt)
Heißluft: 200–220 °C (vorgeheizt)
Gas: etwa Stufe 5 (vorgeheizt)
Garzeit: etwa 10 Minuten.

6 Zum Garnieren Kerbel abspülen und trockentupfen. Die Fencheltaschen mit Kerbel garniert servieren.

Gefüllte Wirsingröllchen

Wasser, Salz
8 große Wirsingblätter

Für die Füllung:
250 g feines Kalbsbrät
1 Becher (150 g) Crème fraîche
1 gestr. TL geriebene Zitronenschale
1 gestr. EL mittelscharfer Senf
1 gestr. TL geriebener Meerrettich
frisch gemahlener Pfeffer
frisch geriebene Muskatnuss
2 Bund glatte Petersilie
1 Zwiebel
1 EL Butter
2 EL Speiseöl
250 ml (¼ l) Gemüsebrühe

Für die Sauce:
3 EL heller Saucenbinder
1 Becher (150 g) Crème fraîche
Kräuter der Provence
frisch geriebene Muskatnuss

Zubereitungszeit: 45 Minuten
Garzeit: etwa 30 Minuten

Pro Portion:
E: 12 g, F: 47 g, Kh: 10 g,
kJ: 2127, kcal: 511

Beilage: *Reis.*

1 In einem großen Topf reichlich Wasser zum Kochen bringen. Salz hinzufügen (auf 1 l Wasser 1 TL Salz). Inzwischen von dem Wirsing die äußeren welken Blätter entfernen. Den Wirsing abspülen, den Strunk unten keilförmig herausschneiden. Den Wirsing so lange in kochendes Wasser legen, bis sich die äußeren Blätter lösen. Diesen Vorgang wiederholen, bis etwa 8 Blätter sich lösen lassen und etwas weich sind. Die Blätter abtropfen lassen und mit Küchenpapier trockentupfen. Die dicken Blattrippen flach schneiden.

2 Für die Füllung Kalbsbrät mit Crème fraîche, Zitronenschale, Senf und Meerrettich gut verrühren. Mit Salz, Pfeffer und Muskat würzen. Petersilie abspülen, trockentupfen, die Blättchen von den Stängeln zupfen und klein hacken. 2 Esslöffel von der Petersilie unterrühren. Restliche Petersilie beiseite legen.

3 Jeweils 2 Wirsingblätter übereinander legen. Die Kalbsbrät-Masse darauf verteilen. Die Blätter seitlich einschlagen und aufrollen.

4 Zwiebel abziehen und in kleine Würfel schneiden. Butter in einem Topf zerlassen, Speiseöl hinzufügen und mit erhitzen. Zwiebelwürfel darin andünsten. Wirsingröllchen mit der Nahtseite nach unten hinzugeben und kurz andünsten. Brühe hinzugießen und zugedeckt etwa 30 Minuten garen. Die Wirsingröllchen herausnehmen und warm stellen.

5 Für die Sauce Saucenbinder in die Schmorflüssigkeit rühren. Crème fraîche und Kräuter der Provence unterrühren. Mit Salz, Pfeffer und Muskat abschmecken. Wirsingröllchen mit der Sauce auf einer großen Platte anrichten und mit der beiseite gelegten Petersilie bestreut servieren.

Gefüllte Kräuterkartoffeln

8 große, fest kochende Ofenkartoffeln (je etwa 150 g)
250 g Kartoffeln (normale Größe)
Salzwasser
2 Schalotten
1 Bund Petersilie
1 Bund Majoran
1 Bund Thymian
1 Zweig oder 1 kleiner Topf Rosmarin
2 EL Olivenöl
200 ml warme Milch
60 g zerlassene Butter
Salz
frisch geriebene Muskatnuss
2 Eier

100 g getrocknete Tomaten

Außerdem:
8 Bogen Alufolie

Zubereitungszeit: 45 Minuten
Garzeit: etwa 60 Minuten
Backzeit: etwa 15 Minuten

Pro Portion:
E: 17 g, F: 23 g, Kh: 68 g, kJ: 2347, kcal: 559

1 Ofenkartoffeln gründlich waschen, evtl. mit einer Bürste abbürsten und jeweils in einen Bogen Alufolie einwickeln. Ofenkartoffeln auf ein Backblech legen. Das Backblech in den Backofen schieben.

Ober-/Unterhitze: 180–200 °C (vorgeheizt)
Heißluft: 160–180 °C (nicht vorgeheizt)
Gas: etwa Stufe 3 (nicht vorgeheizt)
Garzeit: etwa 60 Minuten.

2 Restliche Kartoffeln waschen, schälen, abspülen, würfeln, in kochendem Salzwasser etwa 20 Minuten garen, abgießen, abdämpfen und sofort durch eine Kartoffelpresse drücken.

3 Schalotten abziehen, würfeln. Kräuter abspülen, trockentupfen (8 kleine Rosmarinzweige beiseite legen). Die Blättchen oder Nadeln von den Stängeln zupfen, fein hacken. Olivenöl in einer Pfanne erhitzen. Schalottenwürfel und Kräuter darin andünsten.

4 Ofenkartoffeln aus der Alufolie nehmen und einen länglichen Deckel abschneiden. Kartoffeln mit einem Kaffeelöffel so aushöhlen, dass ein etwa ½ cm breiter Rand stehen bleibt. Kartoffelfleisch ebenfalls durch eine Kartoffelpresse drücken.

5 Kartoffelpüree mit Milch, Butter und den Kräutern vermengen. Mit Salz und Muskat würzen. Die Masse in einen Spritzbeutel mit Sterntülle geben. Die ausgehöhlten Kartoffeln damit füllen und auf ein Backblech legen.

6 Eier verschlagen. Die Kartoffel-Kräuter-Masse damit bestreichen. Das Backblech in den Backofen schieben.

(Fortsetzung Seite 22)

Ober-/Unterhitze: etwa 200 °C (vorgeheizt)
Heißluft: etwa 180 °C (vorgeheizt)
Gas: Stufe 3–4 (vorgeheizt)
Backzeit: etwa 15 Minuten.

7 Die Kräuterkartoffeln mit den getrockneten Tomatenstreifen belegen. Nach Belieben mit Rosmarinzweigen garniert servieren.

Für Gäste

Gefüllte Champignons, italienisch

8 Riesenchampignons (je etwa 100 g)

Für die Füllung:
1 Zwiebel
4 Scheiben Schinkenspeck
1 EL Butter
1 EL Speiseöl
4 kleine Tomaten
Salz
frisch gemahlener Pfeffer
1 TL italienische Kräutermischung
60 g geriebener Gouda-Käse
200 ml Weißwein

Zubereitungszeit: 35 Minuten
Garzeit: etwa 20 Minuten

Pro Portion:
E: 16 g, F: 10 g, Kh: 3 g,
kJ: 810, kcal: 193

Tipp: *Die gefüllten Champignons als Vorspeise mit Toastbrot servieren.*

1 Riesenchampignons entstielen und aus den Hüten die Lamellen vorsichtig herausschaben. Hüte und Stiele unter fließendem kalten Wasser abspülen und trockentupfen. Die Stiele in kleine Würfel schneiden.

2 Für die Füllung Zwiebel abziehen. Schinkenspeck und Zwiebel ebenfalls in kleine Würfel schneiden. Butter in einer Pfanne zerlassen. Speiseöl hinzufügen und mit erhitzen. Zwiebel- und Speckwürfel darin andünsten, Champignonwürfel hinzugeben und mit andünsten.

3 Tomaten waschen, abtrocknen, die Stängelansätze herausschneiden. Tomaten würfeln und zur Speck-Zwiebel-Masse geben. Mit Salz, Pfeffer und der Kräutermischung würzen. Die Zutaten 1–2 Minuten dünsten.

4 Die Riesenchampignons mit der Speck-Zwiebel-Champignon-Masse füllen, in eine flache Auflaufform legen und mit Käse bestreuen. Weißwein hinzugießen. Die Form auf dem Rost in den Backofen schieben.

Ober-/Unterhitze: etwa 200 °C (vorgeheizt)
Heißluft: etwa 180 °C (vorgeheizt)
Gas: Stufe 3–4 (vorgeheizt)
Garzeit: etwa 20 Minuten.

Gefüllte Artischocken

8 große Artischocken (je etwa 350 g)
2 Zitronen (unbehandelt)
Salzwasser

Für die Füllung:
1 Gemüsezwiebel (etwa 300 g)
je 1 kleines Bund Thymian, Majoran und Petersilie
4 Fleischtomaten (etwa 600 g)
200 g braune Champignons

1 Bund Suppengrün (etwa 400 g, küchenfertig vorbereitet), z. B. Möhren, Porree (Lauch), Knollensellerie
4 EL Olivenöl
Salz
frisch gemahlener Pfeffer
200 ml Gemüsebrühe

Außerdem:
Küchengarn

Zubereitungszeit: 45 Minuten, ohne Abkühlzeit
Garzeit: 30–40 Minuten

Pro Portion:
E: 13 g, F: 11 g, Kh: 18 g, kJ: 960, kcal: 229

Beilage: *Kartoffelpüree mit grünen Pfefferkörnern garniert.*

1 Artischocken unter fließendem kalten Wasser abspülen, gut abtropfen lassen. Stiele und obere Spitzen der Artischocken abschneiden. Zitronen gründlich waschen, abtrocknen, in 16 Scheiben schneiden. Artischocken von beiden Seiten mit je einer Zitronenscheibe belegen, mit Küchengarn fest umwickeln. Salzwasser zum Kochen bringen. Artischocken hinzufügen, zugedeckt etwa 50 Minuten garen. Artischocken mit einer Schaumkelle herausnehmen, abkühlen lassen. Küchengarn und Zitronenscheiben entfernen.

2 Für die Füllung Zwiebel abziehen, würfeln. Kräuter abspülen, trockentupfen, Blättchen von den Stängeln zupfen, fein hacken. Tomaten waschen, abtrocknen, die Stängelansätze herausschneiden. Tomaten vierteln, entkernen. Champignons putzen, mit Küchenpapier abreiben, evtl. abspülen (die dicken Stiele abschneiden), in Viertel schneiden. Suppengrün putzen, schälen, waschen, abtropfen lassen, in kleine Stücke schneiden. Von den Artischocken das Heu mit einem Teelöffel herauslösen. Artischocken nochmals waschen, abtropfen lassen.

3 2 Esslöffel von dem Öl in einer Pfanne erhitzen. Zwiebelwürfel darin glasig dünsten. Champignonviertel hinzugeben, mit andünsten. Tomatenviertel und Kräuter vorsichtig unterheben. Mit Salz und Pfeffer würzen. Restliches Öl in einem Bräter erhitzen, das vorbereitete Suppengemüse darin andünsten. Ausgehöhlte Artischocken darauf setzen und mit der Champignon-Tomaten-Masse füllen. Gemüsebrühe hinzugießen. Den Bräter auf dem Rost in den Backofen schieben.

Ober-/Unterhitze: 180–200 °C (vorgeheizt)
Heißluft: 160–180 °C (nicht vorgeheizt)
Gas: etwa Stufe 3 (nicht vorgeheizt)
Garzeit: 30–40 Minuten.

Schmorgurken mit Geflügelhack-Mischung

2 Schmorgurken (je etwa 400 g)

Für die Füllung:
1 Bund Schnittlauch
Wasser
Salz
120 g Langkornreis
600 g Geflügelhackfleisch (beim Metzger vorbestellen)
1 Ei (Größe M)
frisch gemahlener Pfeffer

1 Gemüsezwiebel (etwa 200 g)
150 g magerer Speck
2 EL Speiseöl
200 ml Gemüsebrühe

Zubereitungszeit: 40 Minuten
Garzeit: 50–60 Minuten

Pro Portion:
E: 42 g, F: 20 g, Kh: 12 g, kJ: 1648, kcal: 393

1 Schmorgurken waschen, schälen und halbieren und mit einem Teelöffel entkernen.

2 Für die Füllung Schnittlauch abspülen, trockentupfen und in kleine Röllchen schneiden. Wasser in einem Topf zum Kochen bringen. Salz und Reis hinzufügen, umrühren, zum Kochen bringen und bei schwacher Hitze in etwa 15 Minuten ausquellen lassen. Reis in ein Sieb geben, mit kaltem Wasser übergießen und abtropfen lassen.

3 Geflügelhackfleisch in eine Schüssel geben. Reis, Ei und zwei Drittel der Schnittlauchröllchen hinzufügen. Die Zutaten gut vermengen. Mit Salz und Pfeffer würzen. Die Hackmasse auf den Gurkenhälften verteilen.

4 Zwiebel abziehen und in kleine Würfel schneiden. Speck ebenfalls in kleine Würfel schneiden.

5 Speiseöl in einem Bräter erhitzen. Zwiebel- und Speckwürfel darin glasig dünsten. Brühe hinzugießen. Die gefüllten Gurkenhälften in den Bräter geben. Die Form auf dem Rost in den Backofen schieben.

Ober-/Unterhitze: 180–200 °C (vorgeheizt)
Heißluft: 160–180 °C (nicht vorgeheizt)
Gas: etwa 3 (nicht vorgeheizt)
Garzeit: 50–60 Minuten.

6 Die gefüllten Gurken aus dem Bräter nehmen, auf einem Teller anrichten und mit den restlichen Schnittlauchröllchen bestreut servieren.

Beilage: *Salzkartoffeln.*

Gefüllte Kohlrabi

4 große Kohlrabi (je etwa 400 g)

Für die Füllung:
2 Scheiben Toastbrot (etwa 60 g)
etwas Milch oder Wasser
400 g Geflügelhackfleisch (am besten beim Metzger vorbestellen)
1 Ei (Größe M)
Salz
frisch gemahlener Pfeffer
1 Bund Petersilie
2 Fleischtomaten (etwa 300 g)
Salzwasser
4 EL Pflanzenöl
1 Gemüsezwiebel (etwa 300 g)
200 ml Gemüsebrühe

einige Petersilienblättchen

Zubereitungszeit: 60 Minuten
Garzeit: etwa 40 Minuten

Pro Portion:
E: 30 g, F: 19 g, Kh: 22 g, kJ: 1620, kcal: 387

Beilage: *Salzkartoffeln.*

Tipp: *Zum Aushölen der Kohlrabi können Sie einen Kugelausstecher oder einen Teelöffel verwenden.*

1 Von den Kohlrabi das zarte Grün entfernen. Grün waschen, abtropfen lassen und beiseite legen. Kohlrabi schälen, waschen, trockentupfen und so aushöhlen, dass ein etwa ½ cm breiter Rand stehen bleibt. Kohlrabifleisch klein schneiden und beiseite legen.

2 Für die Füllung Toastbrot mit Milch oder Wasser übergießen und kurz einweichen lassen, dann ausdrücken. Hackfleisch in eine Schüssel geben. Ei und eingeweichte Toastbrotscheiben hinzugeben. Die Zutaten gut vermengen. Mit Salz und Pfeffer würzen. Petersilie abspülen und trockentupfen. Die Blättchen von den Stängeln zupfen. Blättchen fein hacken und unterkneten.

3 Tomaten waschen, abtrocknen, die Stängelansätze herausschneiden. Tomaten vierteln, entkernen und in kleine Stücke schneiden. Tomatenstückchen beiseite legen. Salzwasser zum Kochen bringen. Die ausgehöhlten Kohlrabi 5–8 Minuten darin blanchieren, in ein Sieb geben, mit kaltem Wasser übergießen und abtropfen lassen. Kohlrabi mit der Hackmasse füllen.

4 Zwiebel abziehen und in kleine Würfel schneiden. Pflanzenöl in einem Bräter erhitzen. Die Zwiebelwürfel darin glasig dünsten. Beiseite gelegtes Kohlrabifleisch und Tomatenstückchen hinzugeben, kurz mitdünsten lassen. Brühe hinzugießen. Die gefüllten Kohlrabi in den Bräter setzen und auf dem Rost in den Backofen schieben.

Ober-/Unterhitze: etwa 200 °C (vorgeheizt)
Heißluft: etwa 180 °C (nicht vorgeheizt)
Gas: Stufe 3–4 (nicht vorgeheizt)
Garzeit: etwa 40 Minuten.

5 Die gefüllten Kohlrabi mit Petersilienblättchen und nach Belieben mit dem Kohlrabigrün garniert servieren.

Gefüllte Spitzkohlblätter

Wasser
Salz (auf 1 l Wasser 1 TL Salz)
1 Spitzkohl (etwa 700 g)

Für die Füllung:
200 g fest kochende Kartoffeln
1 Bund Suppengrün (etwa 500 g, küchenfertig vorbereitet), z. B. Möhren, Porree (Lauch),Sellerie
200 g Schweinefilet
4 EL Speiseöl
Salz
frisch gemahlener Pfeffer
½ TL gehackter Thymian
1 Zwiebel
Wasser
4 Scheiben durchwachsener, magerer Speck (je etwa 20 g)

Zubereitungszeit: 50 Minuten
Garzeit: etwa 45 Minuten

Pro Portion:
E: 20 g, F: 13 g, Kh: 14 g, kJ: 1070, kcal: 256

Beilage: *Wildreismischung.*

Tipp: *Anstelle von Spitzkohl können Sie auch Weißkohl oder Wirsing verwenden.*

1 In einem großen Topf Wasser und Salz zum Kochen bringen. Vom Spitzkohl die äußeren welken Blätter entfernen. Den Spitzkohl abspülen, den Strunk unten keilförmig herausschneiden. Den Spitzkohl so lange in kochendes Wasser legen, bis sich die äußeren Blätter lösen. Diesen Vorgang wiederholen, bis sich etwa 8 Blätter lösen lassen. Die Blätter abtropfen lassen, mit Küchenpapier trockentupfen. Dicke Blattrippen flach schneiden.

2 Für die Füllung Kartoffeln waschen, schälen, abspülen. Vorbereitetes Suppengrün und Kartoffeln würfeln. Schweinefilet abspülen, trockentupfen, in Würfel schneiden. 2 Esslöffel von dem Öl in einer Pfanne erhitzen. Filetwürfel von allen Seiten darin anbraten, herausnehmen. Zuerst die Kartoffelwürfel, dann die Gemüsewürfel in dem verbliebenen Bratfett andünsten. Filetwürfel hinzugeben. Mit Salz, Pfeffer und Thymian würzen.

3 Jeweils 2 Kohlblätter übereinander legen, mit je einem Viertel der Fleisch-Gemüse-Masse füllen. Die überlappenden Blätter zur Mitte hin einschlagen und aufrollen.

4 Zwiebel abziehen, in kleine Würfel schneiden, restlichen Spitzkohl in Streifen schneiden. Restliches Öl in einer Pfanne erhitzen. Zwiebelwürfel und Spitzkohlstreifen andünsten, etwas Wasser hinzugießen und in einen Bräter geben. Die Spitzkohlrouladen darauf legen und mit je einer Scheibe Speck belegen. Den Bräter auf dem Rost in den Backofen schieben.

Ober-/Unterhitze: etwa 200 °C (vorgeheizt)
Heißluft: etwa 180 °C (nicht vorgeheizt)
Gas: Stufe 3–4 (nicht vorgeheizt)
Garzeit: etwa 45 Minuten.

5 Das Gemüse während der Garzeit vorsichtig umrühren, so dass die Rouladen unbeschädigt bleiben.

Gefüllter Sellerie

2 Knollensellerie (je etwa 600 g)
2 EL Zitronensaft
Salzwasser

Für die Füllung:
100 g durchwachsener Speck
1 Zwiebel
200 g Champignons
Salz
frisch gemahlener Pfeffer
Selleriesalz
175 g Thüringer Mett
1 Ei

Für die Sauce:
2 EL Sellerie-Kochwasser
2 EL Weißwein
6 EL Schlagsahne

8 Scheiben Frühstücksspeck

Zubereitungszeit: 85 Minuten
Garzeit: etwa 30 Minuten

Pro Portion:
E: 27 g, F: 21 g, Kh: 7 g,
kJ: 1373, kcal: 328

Beilage: *Kartoffelpüree.*

1 Sellerie putzen, schälen, waschen, abtropfen lassen und quer halbieren. Selleriehälften mit Zitronensaft in kochendes Salzwasser geben, zum Kochen bringen und in etwa 30 Minuten gar kochen. Selleriehälften in einem Sieb abtropfen lassen, das Kochwasser dabei auffangen.

2 Für die Füllung Speck in kleine Würfel schneiden, diese in einer Pfanne auslassen. Zwiebel abziehen, würfeln und in dem Speckfett glasig dünsten.

3 Champignons putzen, mit Küchenpapier abreiben, evtl. abspülen, trockentupfen, klein schneiden, zu den Speck-Zwiebel-Würfeln geben und 3–4 Minuten dünsten lassen. Mit Salz, Pfeffer und Selleriesalz würzen, erkalten lassen. Mett mit der Champignonmasse vermengen.

4 Die garen Selleriehälften mit einem Esslöffel vorsichtig aushöhlen. Das Selleriefleisch pürieren, mit der Champignon-Mett-Masse und dem Ei vermengen. Die ausgehöhlten Selleriehälften damit füllen und in eine flache Auflaufform setzen.

5 Für die Sauce Sellerie-Kochwasser, Wein und Sahne in einem Topf verrühren, zum Kochen bringen und etwas einkochen lassen. Mit Salz, Pfeffer und Selleriesalz abschmecken.

6 Die Sauce auf den gefüllten Selleriehälften verteilen. Jede Selleriehälfte mit 2 Scheiben Frühstücksspeck belegen. Die Auflaufform auf dem Rost in den Backofen schieben.

Ober-/Unterhitze: etwa 200 °C (vorgeheizt)
Heißluft: etwa 180 °C (vorgeheizt)
Gas: Stufe 3–4 (vorgeheizt)
Garzeit: etwa 30 Minuten.

Auberginen „Französische Art"

4 Auberginen (je etwa 250 g)
1 kleine Gemüsezwiebel (etwa 250 g)
2 Knoblauchzehen
Salz
4 Fleischtomaten (etwa 600 g)
1 Bund oder 1 Topf Basilikum
Salzwasser
4 EL Speiseöl
frisch gemahlener Pfeffer
80 g geriebener Parmesan-Käse

Für die Sauce:
1 EL Speiseöl
1 Pck. (450 g) stückige Tomaten
1 Pck. TK-Kräuter der Provence

einige Basilikumblättchen

Zubereitungszeit: 50 Minuten
Garzeit: etwa 30 Minuten

Pro Portion:
E: 12 g, F: 20 g, Kh: 15 g,
kJ: 1236, kcal: 294

Beilage: *Ofenwarmes Knoblauchbaguette.*

1 Auberginen waschen, abtrocknen und einen Deckel abschneiden. Das Fruchtfleisch mit einem Löffel herauslösen, dabei einen etwa ½ cm breiten Rand stehen lassen. Fruchtfleisch in Würfel schneiden. Gemüsezwiebel abziehen, würfeln.
Knoblauch abziehen, mit Salz zu einer Paste zerdrücken. Tomaten waschen, abtrocknen, die Stängelansätze herausschneiden, Tomaten halbieren, entkernen, in kleine Stücke schneiden. Basilikum abspülen, trockentupfen. Die Blättchen von den Stängeln zupfen und fein hacken.

2 Auberginen in kochendem Salzwasser etwa 3 Minuten blanchieren, in ein Sieb geben, mit kaltem Wasser übergießen und abtropfen lassen, in eine große Auflaufform setzen.

3 Öl in einem Topf erhitzen. Etwa 200 g von den Zwiebelwürfeln hinzugeben, glasig dünsten. Auberginenwürfel und Tomatenstückchen hinzufügen, etwa 10 Minuten schmoren lassen. Knoblauchpaste und Basilikum unterrühren. Mit Salz und Pfeffer würzen. Auberginen mit der Auberginen-Tomaten-Masse füllen und mit Käse bestreuen. Die Form auf dem Rost in den Backofen schieben.

Ober-/Unterhitze: etwa 180 °C (vorgeheizt)
Heißluft: etwa 160 °C (vorgeheizt)
Gas: Stufe 2–3 (vorgeheizt)
Garzeit: etwa 30 Minuten.

4 Für die Sauce Öl in einem Topf erhitzen. Zwiebelwürfel glasig dünsten. Tomatenstückchen unterrühren und zum Kochen bringen, unter Rühren leicht kochen lassen. Mit Kräutern der Provence, Salz und Pfeffer würzen.

5 Die gefüllten Auberginen mit Basilikumblättchen garnieren und mit der Sauce servieren.

Gefüllte Riesenrübe

1 große Steckrübe (etwa 850 g)
1 Knoblauchzehe
Salz, frisch gemahlener Pfeffer
gemahlener Zimt
2 EL Butter
etwas Wasser

Für die Füllung:
2 Zwiebeln
1 EL Butter
1 ½ l Wasser
1 ½ gestr. TL Salz
150 g grüne Spiralnudeln
50 g gehobelte Haselnusskerne
100 g Crème fraîche
1 EL gehackte Petersilie

150 g Brie-Käse

Zubereitungszeit: 60 Minuten
Garzeit: etwa 20 Minuten

Pro Portion:
E: 15 g, F: 35 g, Kh: 39 g,
kJ: 2221, kcal: 531

Tipp: *Reichen Sie dazu kurz gebratenes oder gegrilltes Fleisch.*

1 Steckrübe waschen, schälen, abspülen, abtrocknen, waagerecht in der Mitte halbieren, mit einem Kugelausstecher so weit aushöhlen, dass ein etwa 1 cm breiter Rand stehen bleibt. Knoblauch abziehen, durch eine Knoblauchpresse drücken. Knoblauch mit Salz, Pfeffer und Zimt mischen. Die Rübenhälften innen und außen damit einreiben. Butter in einem breiten Topf zerlassen. Die Rübenhälften hineingeben, etwas Wasser hinzugießen, zugedeckt etwa 40 Minuten garen. Nach etwa 20 Minuten Garzeit die Rübenkugeln hinzufügen, fertig garen.

2 Für die Füllung Zwiebeln abziehen und in kleine Würfel schneiden. Butter in einer Pfanne zerlassen. Zwiebelwürfel darin glasig dünsten.

3 Wasser und Salz in einem großen Topf zum Kochen bringen. Nudeln zugeben und nach Packungsanleitung kochen lassen, dabei zwischendurch 4–5 mal umrühren. Anschließend die Nudeln in ein Sieb geben, mit heißem Wasser abspülen, abtropfen lassen. Die Nudeln mit den Zwiebelwürfeln, Haselnusskernen, Crème fraîche und Petersilie mischen. Mit Salz, Pfeffer und Zimt würzen. Die Rübenhälften mit der Nudelmasse füllen und in eine große Auflaufform (gefettet) setzen.

4 Vom Käse die festen Außenkanten abschneiden. Den Käse in Scheiben schneiden und auf der Füllung verteilen. Die Form auf dem Rost in den Backofen schieben.

Ober-/Unterhitze: etwa 200 °C (vorgeheizt)
Heißluft: etwa 180 °C (vorgeheizt)
Gas: Stufe 3–4 (vorgeheizt)
Garzeit: etwa 20 Minuten.

5 Die Gemüsekugeln kurz vor Ende der Garzeit zu den Rübenhälften geben, fertig garen und sofort servieren.

Gefüllte Fleischtomaten mit Austernpilzen und gekochtem Schinken

8 große Fleischtomaten (etwa 1200 g)

Für die Füllung:
500 g Austernpilze
120 g gekochter Schinken
2 EL Speiseöl
Salz
frisch gemahlener Pfeffer

120 g geriebener mittelalter Gouda-Käse
50 g Semmelbrösel

40 g zerlassene Butter

Zubereitungszeit: 45 Minuten
Garzeit: etwa 20 Minuten

Pro Portion:
E: 22 g, F: 23 g, Kh: 15 g,
kJ: 1493, kcal: 355

1 Tomaten waschen und abtrocknen. Von den Tomaten jeweils einen Deckel abschneiden. Das Tomatenfleisch mit einem Teelöffel herauslösen. Kerne entfernen. Fruchtfleisch und Deckel in Würfel schneiden.

2 Für die Füllung Austernpilze putzen, mit Küchenpapier abreiben und klein schneiden (nicht abspülen). Schinken in Würfel schneiden.

3 Speiseöl in einer Pfanne erhitzen. Austernpilzstückchen darin andünsten. Tomatenwürfel und Schinkenwürfel hinzugeben und unterrühren. Mit Salz und Pfeffer würzen. Die ausgehöhlten Tomaten mit der Schinken-Pilz-Masse füllen und in eine flache Auflaufform setzen.

4 Käse mit Semmelbröseln vermischen und auf der Füllung verteilen. Mit Butter beträufeln. Die Form auf dem Rost in den Backofen schieben.

Ober-/Unterhitze: 180–200 °C (vorgeheizt)
Heißluft: 160–180 °C (vorgeheizt)
Gas: etwa Stufe 3 (vorgeheizt)
Garzeit: etwa 20 Minuten.

Beilage: *Kartoffelpüree.*

Tipp: *Austernpilze können durch Champignons ersetzt werden. Die Füllung mit gedünsteten Zwiebelwürfeln und frischen gehackten Kräutern verfeinern.*

Mangoldpäckchen

400 g Klebreis (Asia-Shop)
500 ml (½ l) kaltes Wasser
½ gestr. TL Salz
4 Stauden Mangold (etwa 1 kg, kurzstielige Sorte, pro Staude etwa 10 Blätter)
4 dicke Möhren (etwa 450 g)
2 Dosen Bambussprossen in Streifen (Abtropfgewicht je 220 g)
2 Dosen Sojabohnenkeimlinge (Abtropfgewicht je 220 g)
150 g Shiitake-Pilze
120 g Butter oder Margarine
50 g Mango-Chutney
Sojasauce
süße Chilisauce

Außerdem:
Bastfäden oder Küchengarn zum Binden der Päckchen

Zubereitungszeit: 90 Minuten, ohne Einweichzeit- und Abkühlzeit
Garzeit: etwa 15 Minuten

Pro Portion:
E: 20 g, F: 28 g, Kh: 100 g, kJ: 3110, kcal: 744

1 Klebreis in Wasser etwa 60 Minuten einweichen. Anschließend mit dem Einweichwasser und Salz etwa 15 Minuten kochen, bis ein Brei entsteht. Den Brei in eine flache Form geben und erkalten lassen.

2 Mangoldstauden putzen, mehrmals waschen und abtropfen lassen. Die Stiele in Streifen schneiden. Die Blätter in Salzwasser etwa 2 Minuten blanchieren und mit Küchenpapier trockentupfen.

3 Möhren putzen, schälen, waschen, abtropfen lassen und in feine Streifen schneiden. Bambussprossen und Sojabohnenkeimlinge in einem Sieb abtropfen lassen, den Sud dabei auffangen und 100 ml davon abmessen. Shiitake-Pilze putzen, evtl. kurz abspülen, trockentupfen und in Scheiben schneiden.

4 Butter oder Margarine in einem Topf zerlassen. Mangold-, Möhrenstreifen, Bambussprossen, Sojabohnenkeimlinge und Pilzscheiben portionsweise darin andünsten, den abgemessenen Sud hinzugießen. Mit Mango-Chutney, Soja- und Chilisauce kräftig würzen. Das Gemüse in eine Fettfangschale oder in eine große Auflaufform geben.

5 Mangoldblätter ausbreiten, auf jedes Blatt 1 Esslöffel Klebreis geben, zusammenfalten und mit Bastfäden oder Küchengarn verschnüren. Die Päckchen auf das Gemüse setzen. Die Fettfangschale in den Backofen oder die Auflaufform auf dem Rost in den Backofen schieben.

Ober-/Unterhitze: etwa 180 °C (vorgeheizt)
Heißluft: etwa 160 °C (vorgeheizt)
Gas: Stufe 2–3 (vorgeheizt)
Garzeit: etwa 15 Minuten.

Gefüllte Champignonköpfe

12 große rosa oder weiße Champignons (etwa 600 g)
1 mittelgroße Zwiebel
500 g Mangold
70 g Pinienkerne
2 Fleischtomaten (etwa 300 g)
2 Knoblauchzehen
100 ml Pflanzenöl
40 g Butter
Salz
frisch gemahlener Pfeffer
frisch gemahlene Muskatnuss

100 g geriebener Parmesan-Käse

Zubereitungszeit: 60 Minuten
Backzeit: etwa 20 Minuten

Pro Portion:
E: 21 g, F: 52 g, Kh: 7 g,
kJ: 2386, kcal: 570

Tipp: *Die Champignonköpfe als warme Vorspeise oder als Beilage zu gebratenen Geflügelgerichten reichen.*

1 Champignons putzen und mit Küchenpapier abreiben (nicht abspülen). Stiele herausdrehen und klein schneiden. Zwiebel abziehen und in kleine Würfel schneiden.

2 Mangold putzen (evtl. dabei die großen Blattstiele entfernen). Mangold gründlich waschen, abtropfen lassen und in kleine Würfel schneiden. Pinienkerne in einer Pfanne ohne Fett hellbraun rösten. Tomaten waschen, abtrocknen, die Stängelansätze herausschneiden. Tomaten vierteln, entkernen und in kleine Würfel schneiden. Knoblauch abziehen und durch eine Knoblauchpresse drücken.

3 Pflanzenöl in einer Pfanne erhitzen. Knoblauch einrühren und die Champignonköpfe darin anbraten. Anschließend beiseite stellen.

4 Butter in einer großen Pfanne oder einem Topf zerlassen. Zwiebelwürfel darin glasig dünsten. Mangold und die klein geschnittenen Champignonstiele hinzugeben und etwa 5 Minuten mitdünsten lassen. Mit Salz, Pfeffer und Muskat würzen. Knoblauchöl (aus der Pfanne) unterrühren.

5 Die beiseite gestellten Champignonköpfe mit Salz und Pfeffer würzen und mit dem Gemüse füllen. Die gefüllten Champignonköpfe in eine flache Auflaufform setzen. Tomatenwürfel und Pinienkerne darauf verteilen. Käse darüber streuen. Die Form auf dem Rost in den Backofen schieben.

Ober-/Unterhitze: etwa 200 °C (vorgeheizt)
Heißluft: etwa 180 °C (vorgeheizt)
Gas: Stufe 3–4 (vorgeheizt)
Backzeit: etwa 15 Minuten.

Gefüllte gelbe Paprikaschoten

4 gelbe Paprikaschoten (je etwa 250 g)

Für die Füllung:
1 Zucchini (etwa 250 g)
1 Aubergine (etwa 250 g)
2 Fleischtomaten (je etwa 150 g)
1 grüne Paprikaschote (etwa 250 g)
Wasser
Salz
4 kleine Zweige Rosmarin
3 Knoblauchzehen
4 EL Olivenöl
1 EL grüne Pfefferkörner in Lake
1 EL rote Pfefferkörner in Lake

200 ml Gemüsebrühe

einige Rosmarinzweige
(abgespült, trockengetupft)

Zubereitungszeit: 35 Minuten
Garzeit: 40 Minuten

Pro Portion:
E: 5 g, F: 11 g, Kh: 16 g,
kJ: 801, kcal: 191

Beilage: *Salzkartoffeln und Tomatensauce.*

1 Von den Paprikaschoten am Stielende einen flachen Deckel abschneiden. Die Schoten entkernen und die weißen Scheidewände entfernen. Schoten und Deckel waschen und abtrocknen. Deckel beiseite legen.

2 Für die Füllung Zucchini waschen, abtrocknen und die Enden abschneiden. Aubergine waschen, abtrocknen und den Stängelansatz abschneiden. Zucchini und Aubergine in Würfel schneiden. Tomaten waschen, abtrocknen und die Stängelansätze herausschneiden. Grüne Paprikaschote halbieren, entstielen, entkernen, die weißen Scheidewände entfernen. Die Schote waschen und abtropfen lassen. Tomaten und Paprika in Würfel schneiden.

3 Schoten etwa 5 Minuten, Deckel etwa 2 Minuten in kochendem Salzwasser blanchieren, in ein Sieb geben, mit kaltem Wasser übergießen, abtropfen lassen.

4 Rosmarin abspülen und trockentupfen. Knoblauch abziehen und fein hacken. Olivenöl in einer Pfanne erhitzen. Gemüsewürfel und Rosmarinzweige unter Rühren darin andünsten. Knoblauch unterrühren. Mit Salz würzen. Abgetropfte Pfefferkörner untermengen.

5 Paprikaschoten mit der Gemüsemasse füllen. Deckel wieder auflegen. Die gefüllten Paprikaschoten in eine Auflaufform geben. Brühe hinzugießen. Die Form auf dem Rost in den Backofen schieben.

Ober-/Unterhitze: etwa 180 °C (vorgeheizt)
Heißluft: etwa 160 °C (nicht vorgeheizt)
Gas: Stufe 2–3 (nicht vorgeheizt)
Garzeit: etwa 40 Minuten.

6 Die gefüllten Paprikaschoten mit Rosmarinzweigen garniert servieren.

Schmorgurken mit Lachs gefüllt

4 Schmorgurken (je etwa 400 g)
Salzwasser

Für die Füllung:
600 g Lachsfilet
1 Zwiebel (etwa 50 g)
1 Bund Dill
20 g Butter und 2 EL Pflanzenöl
250 ml (¼ l) Schlagsahne
1 EL Speisestärke
Salz
frisch gemahlener Pfeffer
400 ml Gemüsebrühe

Zum Garnieren:
einige Dillzweige
Pfefferbeeren

Zubereitungszeit: 50 Minuten
Garzeit: etwa 30 Minuten

Pro Portion:
E: 33 g, F: 50 g, Kh: 8 g,
kJ: 2571, kcal: 614

1 Gurken gründlich waschen, bürsten oder evtl. schälen. Das obere Drittel der Länge nach abschneiden und in kleine Würfel schneiden. Die Kerne der Gurken mit einem Löffel oder Kugelausstecher vorsichtig herauskratzen.

2 Gurken in kochendem Salzwasser etwa 2 Minuten blanchieren. Anschließend mit kaltem Wasser übergießen, abtropfen lassen.

3 Für die Füllung Lachsfilet unter fließendem kalten Wasser abspülen und trockentupfen. Lachsfilet in große Würfel schneiden. Zwiebel abziehen und in kleine Würfel schneiden. Dill abspülen und trockentupfen. Die Spitzen von den Stängeln zupfen und fein hacken.

4 Butter und Pflanzenöl in einer Pfanne erhitzen. Zwiebel- und Gurkenwürfel darin glasig dünsten. Lachswürfel hinzugeben und von allen Seiten kurz darin anbraten. Sahne mit Speisestärke anrühren, hinzugießen. und kurz zum Kochen bringen. Mit Salz und Pfeffer würzen. Dill unterrühren. Die Gurkenhälften mit der Masse füllen und in einen Bräter oder in eine Fettfangschale legen. Brühe hinzugießen. Den Bräter auf dem Rost oder die Fettfangschale in den Backofen schieben.

Ober-/Unterhitze: etwa 200 °C (vorgeheizt)
Heißluft: etwa 180 °C (vorgeheizt)
Gas: Stufe 3–4 (vorgeheizt)
Garzeit: etwa 30 Minuten.

5 Zum Garnieren Dill abspülen und trockentupfen. Die gefüllten Gurken mit kleinen Dillzweigen und Pfefferbeeren garniert servieren.

Beilage: *Salzkartoffeln.*

Weiße Rüben mit rotem und grünem Püree gefüllt

8 dicke, runde weiße Rüben (je 250 g)
1 kg fest kochende Kartoffeln, z. B. Clivia
Salzwasser
200 g Blattspinat
Wasser
3 mittelgroße Tomaten
Salz
frisch gemahlener Pfeffer
frisch geriebene Muskatnuss
1 Ei
200 ml Gemüsebrühe

Zubereitungszeit: 50 Minuten
Backzeit: 20–30 Minuten

Pro Portion:
E: 11 g, F: 3 g, Kh: 47 g, kJ: 1113, kcal: 265

Tipp: *Die gefüllten Rüben mit den Deckeln und Petersilienblättchen garniert servieren.*

1 Rüben putzen, schälen, waschen, abtropfen lassen. Von den Rüben einen Deckel abschneiden. Rüben mit einem Kugelausstecher aushöhlen, dabei einen etwa ½ cm breiten Rand stehen lassen. Kartoffeln waschen, schälen, abspülen, in Salzwasser zum Kochen bringen, etwa 15 Minuten kochen. Ausgehöhltes Fruchtfleisch hinzugeben, zugedeckt weitere 10 Minuten garen und abgießen. Kartoffeln und Fruchtfleisch pürieren. Masse halbieren und in je 1 Schüssel geben.

2 Die ausgehöhlten Rüben und Deckel in kochendem Salzwasser 5 Minuten blanchieren. Rüben und Deckel herausnehmen, mit kaltem Wasser übergießen und in einem Sieb abtropfen lassen. Spinat verlesen, waschen, abtropfen lassen. Spinat in kochendem Wasser knapp 1 Minute blanchieren. Dann in ein Sieb geben, mit kaltem Wasser übergießen, gut abtropfen lassen, evtl. ausdrücken, fein hacken. Tomaten waschen, abtropfen lassen, kreuzweise einschneiden, einige Sekunden in kochendes Wasser, dann kurz in kaltes Wasser legen, enthäuten, halbieren, Stängelansätze herausschneiden, entkernen. Fruchtfleisch pürieren.

3 Spinat mit der einen Hälfte der Püreemasse verrühren. Tomatenpüree mit der zweiten Hälfte verrühren. Mit Salz, Pfeffer und Muskat würzen. Die Püreemasse getrennt in je einen Spritzbeutel mit großer Sterntülle geben. Die Rüben in eine große Auflaufform setzen, jeweils 4 Rüben mit dem roten und 4 Rüben mit dem grünen Püree füllen. Ei verschlagen, Püreemasse damit bestreichen. Brühe vorsichtig hinzugießen. Die Form auf dem Rost in den Backofen schieben.

Ober-/Unterhitze: 180–200 °C (vorgeheizt)
Heißluft: 160–180 °C (vorgeheizt)
Gas: etwa Stufe 3 (vorgeheizt)
Backzeit: 20–30 Minuten.

Gefüllte Paprikaschoten und Auberginen

4 mittelgroße Paprikaschoten
4 kleine Auberginen

Für die Füllung:
60 g Langkornreis
Salzwasser
3 Knoblauchzehen
je 1 Bund Petersilie und Zitronenmelisse
5 EL Olivenöl
250 g mageres Lammgehacktes
250 g Schweinemett
Salz
frisch gemahlener Pfeffer
Saft von ½ Zitrone

Für den Sud:
6 EL Olivenöl
2 EL Tomatenmark
125 ml (⅛ l) Fleischbrühe

Zubereitungszeit: 60 Minuten
Garzeit: etwa 45 Minuten

Pro Portion:
E: 29 g, F: 45 g, Kh: 28 g,
kJ: 2663, kcal: 636

1 Von den Paprikaschoten am Stielende einen flachen Deckel abschneiden. Die Schoten entkernen, weiße Scheidewände entfernen. Schoten waschen, abtrocknen. Auberginen waschen und abtrocknen. Von den Auberginen längs einen flachen Deckel abschneiden. Das Fruchtfleisch mit einem Löffel bis auf einen etwa 1 cm breiten Rand aushöhlen. Fruchtfleisch beiseite legen.

2 Für die Füllung Reis in kochendem Salzwasser zugedeckt etwa 10 Minuten ausquellen lassen. Reis in ein Sieb geben und abtropfen lassen. Knoblauch abziehen und durch eine Knoblauchpresse drücken. Petersilie und Zitronenmelisse abspülen, trockentupfen und fein hacken.

3 Beiseite gelegtes Auberginenfruchtfleisch in kleine Würfel schneiden. Olivenöl in einer großen Pfanne erhitzen. Auberginenwürfel und Knoblauch darin andünsten. Reis, Petersilie, Melisse, Gehacktes und Schweinemett hinzufügen und kurz mit andünsten, dabei Gehacktes und Mett mit einer Gabel zerdrücken. Mit Salz, Pfeffer und Zitronensaft würzen.

4 Paprikaschoten und Auberginen nebeneinander in eine flache Auflaufform setzen. Die Füllung hineingeben. Für den Sud Olivenöl mit Tomatenmark und Brühe verrühren, neben den Paprikaschoten und Auberginen in die Form gießen. Die Form mit gefettetem Backpapier zudecken und auf dem Rost in den Backofen schieben.

Ober-/Unterhitze: etwa 200 °C (vorgeheizt)
Heißluft: etwa 180 °C (nicht vorgeheizt)
Gas: Stufe 3–4 (nicht vorgeheizt)
Garzeit: etwa 45 Minuten.

5 Nach etwa 30 Minuten Garzeit das Backpapier entfernen. Gemüse fertig garen.

Gefüllte Kartoffeln mit Paprikakraut

8 große fest kochende Kartoffeln, z. B. Hansa, je etwa 200 g
Wasser

Für die Füllung:
1 Zwiebel
2 EL Speiseöl
1 Dose Sauerkraut (Abtropfgewicht 430 g)
1 TL Paprikapulver edelsüß
Salz
frisch gemahlener Pfeffer
120 g Feta-Käse

1 Bund Schnittlauch

Zubereitungszeit: 40 Minuten
Backzeit: etwa 30 Minuten

Pro Portion:
E: 15 g, F: 11 g, Kh: 61 g,
kJ: 1767, kcal: 422

1 Kartoffeln gründlich waschen, evtl. mit einer Bürste abbürsten. Kartoffeln mit Wasser bedeckt zum Kochen bringen und in etwa 25 Minuten mit Deckel gar kochen. Die garen Kartoffeln abgießen, mit kaltem Wasser abschrecken, abtropfen und abkühlen lassen.

2 Von den Kartoffeln einen länglichen Deckel abschneiden und mit einem Kugelausstecher oder mit einem Teelöffel so aushöhlen, dass ein etwa ½ cm breiter Rand stehen bleibt. Das ausgehöhlte Fruchtfleisch und den Deckel der Kartoffeln grob zerkleinern.

3 Für die Füllung Zwiebel abziehen und in kleine Würfel schneiden. Speiseöl in einer Pfanne erhitzen. Zwiebelwürfel darin glasig dünsten. Kartoffel-Fruchtfleisch hinzugeben und mit andünsten. Sauerkraut untermischen. Mit Paprika, Salz und Pfeffer würzen.

4 Feta-Käse in sehr kleine Würfel schneiden oder fein zerbröseln. Die ausgehöhlten Kartoffeln in eine große, flache Form legen und mit der Sauerkraut-Kartoffel-Masse füllen. Käsewürfel oder -brösel darauf verteilen. Die Form auf dem Rost in den Backofen schieben.

Ober-/Unterhitze: etwa 180 °C (vorgeheizt)
Heißluft: etwa 160 °C (vorgeheizt)
Gas: Stufe 2–3 (vorgeheizt)
Backzeit: etwa 30 Minuten.

5 Schnittlauch abspülen, trockentupfen und in Röllchen schneiden. Die gefüllten Kartoffeln mit Schnittlauchröllchen bestreut servieren.

Tipp: *Als vegetarisches Hauptgericht oder als Beilage zu gebratenen Schweinekoteletts.*

Gefüllte Rotkohlröllchen mit Rotwein

Wasser
Salz
1 Rotkohl (1–1 ½ kg)

Für die Füllung:
3 Brötchen vom Vortag
50 g durchwachsener Speck
1 Zwiebel
80 g Butter
100 g getrocknete Apfelringe
125 ml (⅛ l) Schlagsahne
125 ml (⅛ l) Rotwein
Salz, frisch gemahlener Pfeffer
gemahlene Nelken
gemahlener Piment
gemahlene Macis (Muskatblüte)
200 ml Gemüsebrühe
30 g Butterflöckchen

einige Petersilienblättchen

Zubereitungszeit: 60 Minuten, ohne Quellzeit
Garzeit: etwa 30 Minuten

Pro Portion:
E: 7 g, F: 35 g, Kh: 37 g, kJ: 2157, kcal: 515

Beilage: *Kartoffelgratin.*

1 In einem großen Topf reichlich Wasser zum Kochen bringen. Salz hinzufügen (auf 1 l Wasser 1 TL Salz). Inzwischen von dem Rotkohl die äußeren welken Blätter entfernen. Den Rotkohl abspülen, den Strunk unten keilförmig herausschneiden. Den Rotkohl so lange in kochendes Wasser legen, bis sich die äußeren Blätter lösen. Diesen Vorgang wiederholen, bis etwa 8 Blätter sich lösen lassen und etwas weich sind. Die Blätter abtropfen lassen und mit Küchenpapier trockentupfen. Die dicken Blattrippen flach schneiden.

2 Für die Füllung Brötchen und Speck in kleine Würfel schneiden. Zwiebel abziehen und ebenfalls in kleine Würfel schneiden. Butter in einer Pfanne zerlassen. Speckwürfel darin auslassen, Brot- und Zwiebelwürfel hinzufügen und unter mehrmaligem Wenden knusprig braun rösten. Apfelringe klein schneiden und hinzufügen. Sahne und Rotwein hinzugießen. Die Pfanne von der Kochstelle nehmen und die Zutaten etwa 15 Minuten quellen lassen. Mit Salz, Pfeffer, Nelken, Piment und Macis kräftig würzen.

3 Jeweils 2 Rotkohlblätter übereinander legen. Die Füllung darauf verteilen. Die Blätter seitlich einschlagen und aufrollen. Die Röllchen mit der Nahtseite nach unten nebeneinander in eine flache Auflaufform legen. Brühe hinzugießen. Butterflöckchen darauf setzen. Die Form auf dem Rost in den Backofen schieben.

Ober-/Unterhitze: etwa 200 °C (vorgeheizt)
Heißluft: etwa 180 °C (vorgeheizt)
Gas: Stufe 3–4 (vorgeheizt)
Garzeit: etwa 30 Minuten.

4 Die Rotkohlröllchen mit Petersilienblättchen garniert servieren.

Gratinierte gefüllte Artischockenböden

8 Artischocken (je etwa 350 g)
2 Zitronen (unbehandelt)
Salzwasser

Für die Füllung:
400 g Staudensellerie
1 Zwiebel
2 Fleischtomaten (etwa 300 g)
2 EL Speiseöl
1 Bund Petersilie
Salz
frisch gemahlener Pfeffer
Knoblauchpulver
120 g magerer durchwachsener Speck

100 g geriebener Parmesan-Käse

Außerdem:
Küchengarn

Zubereitungszeit: 65 Minuten, ohne Abkühlzeit
Garzeit: 20–30 Minuten

Pro Portion:
E: 22 g, F: 17 g, Kh: 12 g, kJ: 1225, kcal: 293

Tipp: *Als Vorspeise mit warmem Baguette servieren.*

1 Artischocken unter fließendem kalten Wasser abspülen und gut abtropfen lassen. Stiele und Spitzen abschneiden. Zitronen gründlich waschen, abtrocknen und in 16 Scheiben schneiden. Artischocken von beiden Seiten mit je einer Zitronenscheibe belegen, mit Küchengarn fest umwickeln. Artischocken in kochendem Salzwasser etwa 40 Minuten garen, herausnehmen und abkühlen lassen. Küchengarn und Zitronenschalen entfernen.

2 Für die Füllung Staudensellerie putzen, die harten Außenfäden abziehen. Sellerie waschen und abtropfen lassen. Zwiebel abziehen. Sellerie und Zwiebel in Würfel schneiden. Tomaten waschen, abtrocknen und die Stängelansätze herausschneiden. Tomaten entkernen und ebenfalls in Würfel schneiden.

3 Speiseöl in einer Pfanne erhitzen. Zwiebel- und Selleriewürfel darin etwa 10 Minuten dünsten. Tomatenwürfel unterrühren. Petersilie abspülen und trockentupfen Die Blättchen von den Stängeln zupfen. Blättchen fein hacken und zu den Gemüsewürfeln geben. Mit Salz, Pfeffer und Knoblauch würzen. Speck in kleine Würfel schneiden und auslassen.

4 Von den Artischocken einen Deckel abschneiden. Das Heu mit einem Teelöffel herauslösen. Artischocken nochmals waschen, abtropfen lassen und in eine flache Auflaufform setzen. Die Gemüsewürfel in die Artischocken füllen. Speckwürfel darauf verteilen. Mit Käse bestreuen. Die Form auf dem Rost in den Backofen schieben.

Ober-/Unterhitze: 180–200 °C (vorgeheizt)
Heißluft: 160–180 °C (vorgeheizt)
Gas: etwa Stufe 3 (vorgeheizt)
Garzeit: 20–30 Minuten.

Gefüllte Fenchelschalen

4 Fenchelknollen (je etwa 300 g)
250 ml (¼ l) Wasser
Salz
1–2 EL Zitronensaft

Für die Füllung:
3 Tomaten
1 kleine Zucchini (etwa 150 g)
125 g Kernhem-Käse (gewürfelt)
4 Vollkornzwiebäcke
Salz
frisch gemahlener weißer Pfeffer

20 g Butter

Zubereitungszeit: 55 Minuten
Garzeit: etwa 20 Minuten

Pro Portion:
E: 11 g, F: 19 g, Kh: 17 g,
kJ: 1161, kcal: 278

Beilage: *Reis.*

Tipp: *Wenn Sie keinen Kernhem-Käse bekommen, können Sie auch einen anderen halbfesten Schnittkäse mit 60 % Fett i. Tr. verwenden.*

1 Von den Fenchelknollen die Stiele dicht oberhalb der Knollen abschneiden. Braune Stellen und Blätter entfernen (Fenchelgrün beiseite legen). Wurzelenden gerade schneiden. Die Knollen waschen, abtropfen lassen, halbieren. Wasser in einem Topf zum Kochen bringen. Salz, Zitronensaft und die Knollenhälften hinzugeben. Zugedeckt etwa 10 Minuten gar kochen lassen. Fenchelhälften mit einer Schaumkelle herausnehmen und etwas abkühlen lassen.

2 Für die Füllung Tomaten waschen, abtropfen lassen, kreuzweise einschneiden, einige Sekunden in kochendes Wasser, dann kurz in kaltes Wasser legen, enthäuten, halbieren, entkernen, Stängelansätze herausschneiden. Fruchtfleisch würfeln. Zucchini waschen, abtrocknen, Enden abschneiden. Zucchini halbieren, würfeln. Zwiebäcke fein zerbröseln.

3 Das Innere der Fenchelhälften bis auf je 2 Außenschalen herauslösen und würfeln. Fenchel-, Tomaten-, Zucchini-, Käsewürfel und Zwiebackbrösel vermischen. Mit Salz und Pfeffer würzen. Fenchel-Kochflüssigkeit in eine Auflaufform geben. Die Fenchelschalen hineinsetzen und mit der Gemüsemischung füllen. Butter in Flöckchen darauf setzen. Die Form auf dem Rost in den Backofen schieben.

Ober-/Unterhitze: etwa 200 °C (vorgeheizt)
Heißluft: etwa 180 °C (vorgeheizt)
Gas: Stufe 3–4 (vorgeheizt)
Garzeit: etwa 20 Minuten.

4 Die Fenchelschalen aus der Form nehmen, auf einer Platte anrichten und warm stellen. Beiseite gelegtes Fenchelgrün abspülen, trockentupfen und fein hacken. Die Fenchelschalen mit Fenchelgrün bestreut servieren.

Spätzle-Gemüse-Ragout in Fleischtomaten

8 Fleischtomaten (je etwa 150 g)

Für die Füllung:
1 Bund Suppengrün (etwa 500 g),
z. B. Möhren, Sellerie, Porree (Lauch)
2 l Wasser
2 gestr. TL Salz
250 g Knöpfle-Spätzle (runde Spätzle)
50 g Butter
2 EL Speiseöl
Salz
frisch gemahlener Pfeffer
frisch geriebene Muskatnuss

80 g geriebener junger Gouda-Käse
1 Bund Kerbel

Zubereitungszeit: 50 Minuten
Garzeit: etwa 15 Minuten

Pro Portion:
E: 16 g, F: 23 g, Kh: 50 g,
kJ: 1986, kcal: 474

1 Tomaten waschen und abtrocknen. Von den Tomaten jeweils einen Deckel abschneiden. Das Tomatenfleisch mit einem Teelöffel herauslösen, einen Rand stehen lassen. Kerne entfernen.

2 Für die Füllung Möhren und Sellerie putzen, schälen, waschen und abtropfen lassen. Porree putzen, Stange längs halbieren. Porree waschen und abtropfen lassen. Möhren, Sellerie und Porree in Streifen schneiden.

3 Wasser in einem großen Topf mit geschlossenem Deckel zum Kochen bringen. Dann Salz und Spätzle zugeben. Die Spätzle im geöffneten Topf bei mittlerer Hitze nach Packungsanleitung kochen lassen, dabei zwischendurch 4–5 mal umrühren. Anschließend die Spätzle in ein Sieb geben, mit heißem Wasser abspülen und abtropfen lassen.

4 Butter und Speiseöl in einer großen Pfanne erhitzen. Möhren-, Sellerie-, Porreestreifen darin andünsten. Spätzle und Tomatenfruchtfleisch untermengen. Mit Salz, Pfeffer und Muskat würzen.

5 Die ausgehöhlten Tomaten mit dem Gemüseragout füllen und in eine große, flache Auflaufform (gefettet) setzen. Die gefüllten Tomaten mit Käse bestreuen. Die Form auf dem Rost in den Backofen schieben.

Ober-/Unterhitze: etwa 200 °C (vorgeheizt)
Heißluft: etwa 180 °C (vorgeheizt)
Gas: etwa Stufe 3 (vorgeheizt)
Garzeit: etwa 15 Minuten.

6 Kerbel abspülen und trockentupfen. Die Blättchen von den Stängeln zupfen. Die gefüllten Tomaten mit Kerbelblättchen garniert servieren.

Gefüllter Kürbis

(6 Portionen)

1 mittelgroßer Kürbis (etwa 3 kg)

Für die Füllung:
40 g Pinienkerne
2 Zwiebeln (etwa 70 g)
1–2 Knoblauchzehen
3 EL Speiseöl
700 g Lammgehacktes oder Gehacktes (halb Rind-, halb Schweinefleisch)
300 ml Wasser
Salz
100 g Jasmin-Reis (Basmati-Reis)
50 g Rosinen
frisch gemahlener Pfeffer
gemahlener Kreuzkümmel
gemahlener Koriander
Paprikapulver rosenscharf

Zubereitungszeit: 50 Minuten
Garzeit: etwa 45 Minuten

Pro Portion:
E: 26 g, F: 22 g, Kh: 22 g, kJ: 1654, kcal: 395

Tipp: *Aus dem restlichen Kürbisfleisch können sie eine Kürbissuppe bereiten.*

1 Den Kürbis waschen und abtrocknen. Vom Kürbis einen Deckel abschneiden. Kürbis aushöhlen, dabei einen etwa 2 cm breiten Rand stehen lassen. Den faserigen Innenteil und die Kerne entfernen. 700 g von dem Kürbisfleisch in etwa 1 cm große Würfel schneiden.

2 Für die Füllung Pinienkerne in einer Pfanne ohne Fett goldbraun rösten und abkühlen lassen. Zwiebeln und Knoblauch abziehen. Zwiebeln in kleine Würfel schneiden. Knoblauch durch eine Knoblauchpresse drücken.

3 Speiseöl in einer Pfanne erhitzen. Gehacktes hinzufügen, unter ständigem Rühren darin anbraten, dabei die Fleischklümpchen mit einer Gabel zerdrücken. Zwiebel-, Kürbiswürfel und Knoblauch hinzugeben und etwa 10 Minuten bei mittlerer Hitze weiter garen.

4 Wasser mit Salz zum Kochen bringen. Reis und Rosinen zugedeckt etwa 12 Minuten darin ausquellen lassen, bis die Flüssigkeit aufgesogen ist.

5 Die Fleischmasse mit dem Rosinen-Reis und den Pinienkernen vermengen. Mit Salz, Pfeffer, Kreuzkümmel, Koriander und Paprika würzen. Die Masse in den ausgehöhlten Kürbis füllen. Den Kürbisdeckel darauf legen. Den Kürbis auf ein Backblech (mit Backpapier belegt) setzen. Das Backblech in den Backofen schieben.

Ober-/Unterhitze: etwa 180 °C (vorgeheizt, untere Einschubleiste)
Heißluft: etwa 160 °C (nicht vorgeheizt)
Gas: Stufe 2–3 (nicht vorgeheizt)
Garzeit: etwa 45 Minuten.

6 Den Kürbis vom Backblech nehmen, auf einen großen Teller legen und sofort servieren.

Gefüllte Zucchini

2 Zwiebeln
2 Knoblauchzehen
3 EL Olivenöl
2 Dosen stückige Tomaten (je 400 g)
1 Bund Majoran
3 Fleischtomaten
4 mittelgroße Zucchini (je etwa 250 g)
Salz
frisch gemahlener Pfeffer
300 ml Gemüsebrühe (Instant)
250 g Instant-Couscous (Feinkostregal)
Cayennepfeffer
100 g geriebener Manchego-Käse oder Emmentaler

Zubereitungszeit: 45 Minuten
Backzeit: 15–20 Minuten

Pro Portion:
E: 23 g, F: 18 g, Kh: 52 g, kJ: 1955, kcal: 463

Tipp: *Wer es nicht nur vegetarisch mag, kann dazu Räucherschinken und Chianti reichen.*

1 Zwiebeln und Knoblauch abziehen, in kleine Würfel schneiden. Olivenöl in einem Topf erhitzen. Zwiebel- und Knoblauchwürfel darin andünsten. Tomatenstücke hinzufügen und unter gelegentlichem Rühren etwa 10 Minuten leicht kochen lassen.

2 Majoran abspülen und trockentupfen. Die Blättchen von den Stängeln zupfen. Blättchen fein hacken. Tomaten waschen, abtropfen lassen, kreuzweise einschneiden und einige Sekunden in kochendes Wasser legen. Tomaten kurz in kaltes Wasser legen, enthäuten, halbieren, entkernen, Stängelansätze herausschneiden. Fruchtfleisch in Spalten schneiden. Zucchini waschen, abtrocknen und die Enden abschneiden. Zucchini halbieren. Zucchinihälften leicht aushöhlen. Fruchtfleisch in Würfel schneiden.

3 Majoran unter die Tomatensauce rühren. Mit Salz und Pfeffer würzen. Sauce halbieren. Eine Hälfte beiseite stellen. Zu der zweiten Saucenhälfte die Gemüsebrühe gießen, zum Kochen bringen. Couscous, Zucchiniwürfel und Tomatenspalten hinzufügen. Mit Salz und Cayennepfeffer würzen. Die Sauce von der Kochstelle nehmen.

4 Die ausgehöhlten Zucchinihälften auf ein Backblech (mit Backpapier belegt) legen. Mit Salz und Pfeffer bestreuen. Die Zucchinihälften mit der Couscous-Zucchini-Tomaten-Masse füllen. Mit Käse bestreuen. Das Backblech in den Backofen schieben.

Ober-/Unterhitze: etwa 200 °C (vorgeheizt)
Heißluft: etwa 180 °C (vorgeheizt)
Gas: Stufe 3–4 (vorgeheizt)
Backzeit: 15–20 Minuten.

5 Die beiseite gestellte Tomatensauce erhitzen. Die gefüllten Zucchini mit der Sauce servieren.

Gefüllte bunte Zwiebeln

4 mittelgroße Zwiebeln
4 mittelgroße rote Zwiebeln
4 mittelgroße weiße Zwiebeln
Salzwasser

Für die Füllung:
100 g kleine weiße Champignons
100 g kleine Pfifferlinge
100 g Austernpilze
100 g gekochter Schinken
2 EL Speiseöl
2 EL Balsamico-Essig
200 ml Gemüsebrühe
Salz
frisch gemahlener Pfeffer
Knoblauchpulver
1 Bund Thymian
120 g geriebener Emmentaler-Käse

Zubereitungszeit: 70 Minuten
Garzeit: 15–20 Minuten

Pro Portion:
E: 19 g, F: 16 g, Kh: 9 g,
kJ: 1039, kcal: 248

Tipp: *Die gefüllten Zwiebeln als Vorspeise oder als Beilage zu kurz gebratenem oder geschmortem Wildfleisch reichen.*

1 Die Zwiebeln abziehen. Salzwasser in einem Topf zum Kochen bringen. Die Zwiebeln etwa 5 Minuten darin blanchieren. Anschließend in ein Sieb geben, mit kaltem Wasser übergießen und abtropfen lassen.

2 Für die Füllung Champignons, Pfifferlinge und Austernpilze putzen, mit Küchenpapier abreiben, evtl. abspülen und abtropfen lassen. Pilze klein schneiden. Schinken in Würfel schneiden.

3 Zwiebeln mit einem scharfen Messer waagerecht halbieren und bis auf 2 Schichten aushöhlen. Das Zwiebelinnere in kleine Würfel schneiden.

4 Speiseöl in einer Pfanne erhitzen. Zwiebelwürfel darin glasig dünsten. Pilzstücke mit den Schinkenwürfeln hinzugeben und mit andünsten. Essig und Brühe hinzugießen, etwas einkochen lassen. Mit Salz, Pfeffer und Knoblauch würzen. Thymian abspülen, trockentupfen (einige Zweige zum Garnieren beiseite legen), die Blättchen von den Stängeln zupfen. Blättchen unter das Pilzragout rühren.

5 Die ausgehöhlten Zwiebeln mit dem Pilzragout füllen und in eine flache Auflaufform setzen. Käse darüber streuen. Die Form auf dem Rost in den Backofen schieben.

Ober-/Unterhitze: etwa 200 °C (vorgeheizt)
Heißluft: etwa 180 °C (vorgeheizt)
Gas: Stufe 3–4 (vorgeheizt)
Garzeit: 15–20 Minuten.

6 Die gefüllten Zwiebeln mit den beiseite gelegten Thymianzweigen garniert servieren.

Geflügel- und Shrimps-Curry in Auberginen

4 mittelgroße Auberginen (je etwa 200 g)
Salzwasser

Für die Füllung:
200 g TK-Shrimps
2 Hähnchenbrustfilets (je etwa 200 g)
1 mittelgroße Zwiebel
1 Bund Minze
2 EL Speiseöl
1 TL Currypulver
200 ml Schlagsahne
Salz
frisch gemahlener Pfeffer
100 g Naturjoghurt

Zubereitungszeit: 70 Minuten, ohne Auftauzeit
Backzeit: etwa 20 Minuten

Pro Portion:
E: 37 g, F: 24 g, Kh: 8 g, kJ: 1659, kcal: 396

Beilage: *Naturreis oder Couscous.*

1 Auberginen waschen, abtrocknen und die Stängelansätze abschneiden. Auberginen längs halbieren. Auberginenhälften mit einem Kugelausstecher oder Löffel so aushöhlen, dass ein etwa 1 cm breiter Rand stehen bleibt. Auberginenfleisch in kleine Stücke schneiden. Salzwasser zum Kochen bringen. Die Auberginenhälften etwa 1 Minute darin blanchieren, in ein Sieb geben, mit kaltem Wasser übergießen und abtropfen lassen.

2 Für die Füllung Shrimps nach Packungsanleitung auftauen lassen. Hähnchenbrustfilets unter fließendem kalten Wasser abspülen und trockentupfen. Filets in kleine Würfel schneiden. Zwiebel abziehen und in kleine Würfel schneiden. Minze abspülen und trockentupfen (einige Zweige zum Garnieren beiseite legen). Die Blättchen von den Stängeln zupfen. Blättchen fein hacken.

3 Speiseöl in einer Pfanne erhitzen. Zuerst Filetwürfel, dann Zwiebelwürfel, Auberginenstücke und Shrimps darin andünsten. Curry darüber streuen. Sahne hinzugießen, zum Kochen bringen und so lange kochen lassen, bis die Sahne zur Hälfte eingekocht ist. Mit Salz und Pfeffer würzen. Gehackte Minze und Joghurt unterrühren.

4 Die Auberginenhälften in eine Auflaufform legen und mit dem Geflügel- und Shrimps-Curry füllen. Die Form auf dem Rost in den Backofen schieben.

Ober-/Unterhitze: etwa 180 °C (vorgeheizt)
Heißluft: etwa 160 °C (vorgeheizt)
Gas: Stufe 2–3 (vorgeheizt)
Backzeit: etwa 20 Minuten.

5 Die gefüllten Auberginenhälften mit den beiseite gelegten Minzezweigen garnieren und sofort servieren.

Gegrillte Tomaten mit Pfeffer-Frischkäse

6 Tomaten
Salz
frisch gemahlener Pfeffer

Für die Fülllung:
2 Knoblauchzehen
4 EL gehacktes Basilikum
100 g Doppelrahm-Frischkäse
frisch gemahlener grober Pfeffer
1 EL Semmelbrösel
30 g geraspelter Gouda-Käse

einige Zweige Majoran

Außerdem:
Fett für die Form

Zubereitungszeit: 20 Minuten

Pro Portion:
E: 6 g, F: 10 g, Kh: 5 g
kJ: 579, kcal: 138

1 Den Backofengrill vorheizen. Tomaten waschen, abtrocknen, die Stängelansätze herausschneiden und Tomaten waagerecht halbieren. Die Tomaten mit der Schnittfläche nach oben in eine Auflaufform (gefettet) legen. Mit Salz und Pfeffer bestreuen.

2 Für die Fülllung Knoblauch abziehen und durch eine Knoblauchpresse drücken.

3 Frischkäse mit grobem Pfeffer, Semmelbröseln, Basilikum und Knoblauch verrühren. Die Masse auf den Tomaten verteilen. Käse darauf streuen. Die Form auf dem Rost unter den vorgeheizten Backofengrill schieben. Die Tomaten etwa 10 Minuten grillen.

4 Majoran abspülen und trockentupfen. Tomaten mit Majoran garniert servieren.

Tipp: *Die gegrillten Tomaten als Beilage zu gegrilltem oder kurz gebratenem Fleisch oder Fisch oder als Vorspeise auf Blattsalat mit Vinaigrette und Croûtons reichen. Wenn Sie keinen Backofengrill haben, die Tomaten bei Ober-/Unterhitze etwa 220 °C, Heißluft: etwa 200 °C, Gas: Stufe 4–5 im vorgeheizten Backofen 5–8 Minuten überbacken.*

Abwandlung: *Für gegrillte Tomaten mit Frühlingszwiebeln den Knoblauch weglassen, von 3 Frühlingszwiebeln Wurzelenden und dunkles Grün entfernen, Frühlingszwiebeln waschen, abtropfen lassen, in feine Ringe schneiden und auf die gewürzten Tomaten geben. Nacheinander Käse und 25 g Butterflöckchen auf die Tomaten geben und wie oben angegeben grillen.*

Gefüllte Champignons mit Schinken

12 große weiße Champignons (etwa 800 g)

Für die Füllung:
1 Schalotte
120 g Parmaschinken
1 Bund glatte Petersilie
3 Scheiben Toastbrot
60 g Butter
4 EL Olivenöl
Salz
frisch gemahlener Pfeffer

20 g Butter
1 Ei (Größe M)
2 EL Olivenöl

Zum Garnieren:
3 Tomaten

Zubereitungszeit: 45 Minuten
Backzeit: 15–20 Minuten

Pro Portion:
E: 18 g, F: 35 g, Kh: 10 g, kJ: 1746, kcal: 417

1 Champignons putzen, mit Küchenpapier abreiben, evtl. abspülen und trockentupfen. Stiele herausdrehen und die Köpfe etwas aushöhlen. Stiele und ausgehöhltes Champignonfleisch in kleine Würfel schneiden.

2 Für die Füllung Schalotte abziehen und in kleine Würfel schneiden. Schinken in 2–3 cm lange, feine Streifen schneiden. Petersilie abspülen und trockentupfen. Die Blättchen von den Stängeln zupfen. Blättchen fein hacken. Toastbrot entrinden und in kleine Würfel schneiden. Butter in einer Pfanne zerlassen. Toastwürfel unter Rühren darin goldgelb dünsten und beiseite stellen.

3 Olivenöl in einer Pfanne erhitzen. Champignonköpfe hinzugeben und leicht anbraten. Mit Salz und Pfeffer würzen. Anschließend in eine flache Auflaufform legen.

4 Butter in einem Topf zerlassen. Champignon-, Schalottenwürfel und Schinkenstreifen darin andünsten. Petersilie, Toastbrotwürfel und Ei unterrühren. Mit Salz und Pfeffer würzen.

5 Die Masse in den ausgehöhlten Champignons verteilen. Die Form auf dem Rost in den Backofen schieben.

Ober-/Unterhitze: 180–200 °C (vorgeheizt)
Heißluft: 160–180 °C (vorgeheizt)
Gas: etwa Stufe 3 (vorgeheizt)
Backzeit: 15–20 Minuten.

6 Zum Garnieren Tomaten waschen, abtrocknen und die Stängelansätze herausschneiden. Tomaten halbieren, entkernen und in kleine Würfel schneiden. Die gefüllten Champigons mit Tomatenwürfeln garniert servieren.

Gefüllte Schmorgurken

Für die Füllung:
4 EL Speiseöl
600 g Gehacktes (halb Rind-, halb Schweinefleisch)
2 Möhren
1 Stange Porree (etwa 200 g)
1 EL Butter
1 EL Speiseöl
2 Knoblauchzehen
1 Becher (200 g) Schmand
1 Bund Dill
Salz
frisch gemahlener Pfeffer

4 kleine Schmorgurken (je etwa 250 g)
1 EL Semmelbrösel
2 EL frisch geriebener Parmesan-Käse
2 große Fleischtomaten
125 ml (1/8 l) Gemüsebrühe

Zubereitungszeit: 40 Minuten, ohne Abkühlzeit
Garzeit: etwa 35 Minuten

Pro Portion:
E: 34 g, F: 50 g, Kh: 12 g, kJ: 2664, kcal: 636

1 Für die Füllung Speiseöl in einer Pfanne erhitzen, Gehacktes unter Rühren darin anbraten, dabei die Fleischklümpchen mit einer Gabel zerdrücken.

2 Möhren putzen, schälen, waschen, grob raspeln oder würfeln. Porree putzen, waschen, abtropfen lassen und in kleine Streifen schneiden. Butter zerlassen, Speiseöl mit erhitzen. Möhrenraspel oder -würfel und Porreestreifen darin gar dünsten, abkühlen lassen. Knoblauch abziehen und durch eine Knoblauchpresse drücken.

3 Gehacktes, Gemüse, Knoblauch und Schmand in einer Schüssel gut vermengen. Dill abspülen, trockentupfen, die Spitzen von den Stängeln zupfen. Spitzen fein hacken und unterrühren. Mit Salz und Pfeffer würzen.

4 Gurken schälen, abspülen, trockentupfen und längs das obere Drittel abschneiden. Die Gurkenhälften nebeneinander in eine große, flache Auflaufform legen. Die Füllung darauf verteilen. Semmelbrösel mit Käse mischen und darüber streuen. Den Gurkendeckel darauf legen.

5 Tomaten waschen, abtropfen lassen, kreuzweise einschneiden, kurz in kochendes Wasser legen. Tomaten kurz in kaltes Wasser legen, enthäuten, halbieren, entkernen, Stängelansätze herausschneiden. Fruchtfleisch würfeln und in die Zwischenräume der Gurkenhälften legen. Brühe hinzugießen. Die Form auf dem Rost in den Backofen schieben.

Ober-/Unterhitze: etwa 200 °C (vorgeheizt)
Heißluft: etwa 180 °C (nicht vorgeheizt)
Gas: Stufe 3–4 (nicht vorgeheizt)
Garzeit: etwa 35 Minuten.

Beilage: *Reis oder frisch gebackenes Knoblauch-Baguette.*

Raffinierte Ofenkartoffeln

8 große, fest kochende Ofenkartoffeln (je etwa 200 g)

Für die Füllung:
100 g TK-Erbsen, 50 ml Gemüsebrühe
1 Pck. Kartoffelpüree (für 3 Portionen)
375 ml (3/8 l) Wasser
½ gestr. TL Salz
125 ml (1/8 l) Milch
2 EL gemischte Kräuter
½ Pck. (125 g) Magerquark
Salz, frisch gemahlener Pfeffer
frisch geriebene Muskatnuss

Zum Bestreichen und Bestreuen:
1 Ei, 1 EL Wasser
40 g Parmesan-Käse

1 kleiner Topf Rosmarin

8 Bögen Alufolie

Zubereitungszeit: 45 Minuten, ohne Abkühlzeit
Garzeit: etwa 60 Minuten
Backzeit: etwa 10 Minuten

Pro Portion:
E: 20 g, F: 7 g, Kh: 70 g, kJ: 1834, kcal: 436

1 Ofenkartoffeln gründlich waschen, evtl. mit einer Bürste abbürsten und jeweils in einen Bogen Alufolie einwickeln. Ofenkartoffeln auf ein Backblech legen. Das Backblech in den Backofen schieben.

Ober-/Unterhitze: 180–200 °C (vorgeheizt)
Heißluft: 160–180 °C (nicht vorgeheizt)
Gas: etwa Stufe 3 (nicht vorgeheizt)
Garzeit: etwa 60 Minuten.

2 Ofenkartoffeln aus der Alufolie nehmen und etwas abkühlen lassen. Von jeder Kartoffel einen länglichen Deckel abschneiden.

3 Erbsen mit Brühe in einem kleinen Topf zum Kochen bringen und etwa 5 Minuten kochen lassen. Erbsen mit der Brühe in einen hohen Rührbecher geben und pürieren. Kartoffelpüree mit Wasser, Salz und Milch nach Packungsanleitung zubereiten. Kräuter, Quark und Erbsenpüree unterrühren. Mit Salz, Pfeffer und Muskat kräftig würzen.

4 Die Püreemasse in einen Spritzbeutel mit großer Sterntülle füllen und auf die Kartoffelhälften spritzen.

5 Zum Bestreichen und Bestreuen Ei mit Wasser verschlagen. Die Püreemasse damit bestreichen und mit Käse bestreuen. Das Backblech in den Backofen schieben.

Ober-/Unterhitze: etwa 200 °C (vorgeheizt)
Heißluft: etwa 180 °C (vorgeheizt)
Gas: Stufe 3–4 (vorgeheizt)
Backzeit: etwa 10 Minuten.

6 Rosmarin abspülen und trockentupfen. Die Kartoffeln mit Rosmarin garniert servieren.

Gemischte gefüllte Gemüse

4 kleine Fleischtomaten
4 kleine grüne oder gelbe Paprikaschoten
2 mittelgroße gelbe oder grüne Zucchini
2 kleine Kohlrabi
1 Bund Petersilie
800 g Geflügelhackfleisch (beim Metzger vorbestellen)
1 Ei (Größe M)
Salz
frisch gemahlener Pfeffer
1 Zwiebel
500 g kleine Kartoffeln
2 EL Speiseöl

etwas Wasser

Zubereitungszeit: 65 Minuten
Garzeit: 50–60 Minuten

Pro Portion:
E: 49 g, F: 21 g, Kh: 27 g, kJ: 2090, kcal: 498

Beilage: *Reis.*

Tipp: *Benutzen Sie zum Aushöhlen der Kohlrabi einen Kugelausstecher oder einen Teelöffel.*

1 Tomaten und Paprika waschen, abtrocknen und je einen Deckel abschneiden. Das Tomatenfleisch mit einem Teelöffel herauslösen, dabei einen Rand stehen lassen, beiseite stellen. Paprikaschoten entkernen und die weißen Scheidewände entfernen.

2 Zucchini waschen, abtrocknen, die Enden abschneiden. Zucchini längs halbieren und vorsichtig aushöhlen, dabei einen etwa 1 cm breiten Rand stehen lassen. Zucchini nochmals quer halbieren. Von den Kohlrabi einen Deckel abschneiden. Kohlrabi schälen, abspülen, trockentupfen und aushöhlen, dabei ebenfalls einen etwa 1 cm breiten Rand stehen lassen. Zucchini- und Kohlrabifruchtfleisch beiseite legen. Petersilie abspülen, trockentupfen. Blättchen von den Stängeln zupfen. Blättchen fein hacken. Hackfleisch mit Petersilie und Ei verkneten. Mit Salz und Pfeffer würzen. Ausgehöhltes Gemüse damit füllen.

3 Das beiseite gelegte Zucchini- und Kohlrabi-Fruchtfleisch in große Würfel schneiden. Zwiebel abziehen und in kleine Würfel schneiden. Kartoffeln waschen, schälen, abspülen und in Würfel schneiden. Speiseöl in einem Bräter erhitzen. Zwiebel-, Kartoffel-, Zucchini- und Kohlrabiwürfel darin andünsten. Das beiseite gelegte Tomaten-Fruchtfleisch unterrühren. Die gefüllten Paprikaschoten, Zucchini und Kohlrabi darauf setzen. Den Bräter auf dem Rost in den Backofen schieben.

Ober-/Unterhitze: etwa 180 °C (vorgeheizt)
Heißluft: etwa 160 °C (nicht vorgeheizt)
Gas: Stufe 2–3 (nicht vorgeheizt)
Garzeit: 50–60 Minuten.

4 Nach 25–30 Minuten Garzeit die gefüllten Tomaten hinzugeben. Evtl. etwas Wasser hinzufügen.

Junge Sellerie mit einem Körnerauflauf gefüllt

4 mittelgroße Knollensellerie mit Grün (je etwa 300 g)
Wasser
Salz
Saft von 1 Zitrone

250 g Körnermischung z. B. 5-Korn-Getreidemischung
400 g fest kochende Kartoffeln, z. B. Hansa
100 ml Schlagsahne
2 Eier (Größe M)
frisch gemahlener Pfeffer
frisch geriebene Muskatnuss
2 EL Speiseöl
400 ml Gemüsebrühe

Zubereitungszeit: 70 Minuten
Garzeit: etwa 35 Minuten

Pro Portion:
E: 16 g, F: 18 g, Kh: 57 g, kJ: 1913, kcal: 456

1 Sellerie putzen, gründlich waschen und das Grün abschneiden. Stängel in etwa 1 cm lange Stücke schneiden. Die Blätter fein hacken. Selleriestängel und Blätter getrennt beiseite legen. Knollen schälen und einen 1–2 cm dicken Deckel abschneiden. Knollen und Deckel in einem Topf mit Wasser zum Kochen bringen. Salz und Zitronensaft hinzugeben und 10–15 Minuten blanchieren. Knollen und Deckel herausnehmen, in ein Sieb legen, mit kaltem Wasser übergießen, abtropfen und etwas abkühlen lassen.

2 Die Körnermischung in reichlich kochendem Wasser 40–45 Minuten garen. Körnermischung in ein Sieb geben und gut abtropfen lassen.

3 Knollensellerie mit einem Teelöffel aushöhlen, dabei einen etwa ½ cm breiten Rand stehen lassen. Fruchtfleisch und die Deckel in große Würfel schneiden, beiseite stellen. Kartoffeln waschen, schälen, abspülen und würfeln. Sahne und Eier verschlagen. Mit Salz, Pfeffer und Muskat würzen.

4 Speiseöl in einem Bräter erhitzen. Kartoffelwürfel, beiseite gelegte Selleriestängel und Fruchtfleischwürfel in etwa 5 Minuten darin andünsten. Brühe hinzugießen.

5 Körnermischung mit dem beiseite gelegten Selleriegrün mischen. Mit Salz und Pfeffer würzen. Die ausgehöhlten Knollensellerie damit locker füllen und auf das Gemüse legen. Eiersahne darüber gießen. Den Bräter auf dem Rost in den Backofen schieben.

Ober-/Unterhitze: 180–200 °C (vorgeheizt)
Heißluft: 160–180 °C (nicht vorgeheizt)
Gas: etwa Stufe 3 (nicht vorgeheizt)
Garzeit: etwa 35 Minuten.

Gefüllte Zucchini mit Risotto

Für den Risotto-Reis:
1 Zwiebel
50 g Butter
200 g Risotto-Reis
400–500 ml heiße Gemüsebrühe
Salz
1 EL gemischte gehackte Kräuter

3–4 große Zucchini (je etwa 350 g)
1 mittelgroße Zwiebel
2 EL Speiseöl
frisch gemahlener schwarzer Pfeffer
gerebelter Thymian
1 Knoblauchzehe
8 EL Semmelbrösel
50 g geriebener Berg-Käse
8 EL Olivenöl

Zubereitungszeit: 50 Minuten
Garzeit: etwa 25 Minuten

Pro Portion:
E: 9 g, F: 37 g, Kh: 54 g, kJ: 2469, kcal: 589

1 Für den Reis Zwiebel abziehen und in kleine Würfel schneiden. Butter in einem Topf zerlassen. Reis hinzufügen und unter Rühren glasig dünsten. Etwas von der Brühe hinzugießen und zum Kochen bringen. Den Reis zugedeckt bei schwacher Hitze unter gelegentlichem Rühren etwa 20 Minuten ausquellen lassen. Nach und nach restliche Brühe hinzugießen. Den garen Reis mit Salz abschmecken. Kräuter unterrühren.

2 Zucchini waschen, abtrocknen und die Enden abschneiden. Zucchini der Länge nach halbieren und mit einem Löffel aushöhlen, dabei einen ½ cm breiten Rand stehen lassen. Zwiebel abziehen und in kleine Würfel schneiden.

3 Speiseöl in einem Topf erhitzen. Zwiebelwürfel darin glasig dünsten. Zucchiniwürfel hinzugeben. Mit Salz, Pfeffer und Thymian würzen. Die Zutaten etwa 5 Minuten dünsten lassen. Knoblauch abziehen, durch eine Knoblauchpresse drücken und unterrühren.

4 Risotto-Reis zu den Zucchinwürfeln geben und gut vermischen. Die Zucchinihälften damit füllen. Semmelbrösel und Käse darüber streuen. Mit Olivenöl beträufeln. Die gefüllten Zucchinihälften in eine große flache Auflaufform legen. Die Form auf dem Rost in den Backofen schieben.

Ober-/Unterhitze: etwa 220 °C (vorgeheizt)
Heißluft: etwa 200 °C (vorgeheizt)
Gas: Stufe 4–5 (vorgeheizt)
Garzeit: etwa 25 Minuten.

Beilage: *Tomatensalat oder ein gemischter Salat.*

Gefüllte weiße Rüben

8 dicke, runde weiße Rüben (250 g)
1 Bund Suppengrün (etwa 450 g), z. B. Möhren, Sellerie und Porree (Lauch)
300 g fest kochende Kartoffeln
Salzwasser (auf 1 l Wasser 1 TL Salz)
1 Bund Majoran
400 g Bratwurstbrät
Salz
frisch gemahlener Pfeffer
2 Zwiebeln
2 EL Speiseöl
200 ml Gemüsebrühe

etwas Wasser oder Gemüsebrühe

Zubereitungszeit: 65 Minuten
Garzeit: etwa 30 Minuten

Pro Portion:
E: 18 g, F: 31 g, Kh: 30 g, kJ: 1960, kcal: 468

Beilage: *Kartoffelgratin.*

1 Weiße Rüben, Möhren und Sellerie putzen, schälen, waschen und abtropfen lassen. Porree putzen, waschen, abtropfen lassen und in kleine Stücke schneiden. Kartoffeln waschen, schälen, abspülen und abtropfen lassen. Möhren, Sellerie und Kartoffeln in Würfel schneiden.

2 Von den Rüben einen etwa 1 cm dicken Deckel abschneiden. Die Rüben mit einem Kugelausstecher oder mit einem Teelöffel aushöhlen, dabei einen etwa ½ cm breiten Rand stehen lassen. Salzwasser in einem Topf zum Kochen bringen, die ausgehöhlten Rüben hinzugeben und etwa 5 Minuten blanchieren. Rüben herausnehmen, mit kaltem Wasser übergießen und abtropfen lassen.

3 Majoran abspülen und trockentupfen. Die Blättchen von den Stängeln zupfen. Blättchen fein hacken. Bratwurstbrät in eine Schüssel geben und mit Majoran vermischen. Evtl. mit Salz und Pfeffer nachwürzen. Zwiebeln abziehen und in kleine Würfel schneiden. Speiseöl in einem Bräter erhitzen. Zwiebel-, Gemüse- und Kartoffelwürfel darin andünsten. Brühe hinzugießen.

4 Bratwurstbrät in einen Spritzbeutel mit Lochtülle geben. Die ausgehöhlten Rüben damit füllen und auf das Gemüse setzen. Den Bräter auf dem Rost in den Backofen schieben.

Ober-/Unterhitze: 180–200 °C (vorgeheizt)
Heißluft: 160–180 °C (nicht vorgeheizt)
Gas: etwa Stufe 3 (nicht vorgeheizt)
Garzeit: etwa 30 Minuten.

5 Während der Garzeit evtl. nach und nach etwas Wasser oder Gemüsebrühe hinzugießen.

Dolmades (Gefüllte Weinblätter)

1 Zwiebel
1 Knoblauchzehe
2 EL Butter oder Margarine
150 g Risotto-Reis (Arborio)
etwa 400 ml Gemüsebrühe
50 g Pinienkerne
6 Backpflaumen
abgeriebene Schale von 1 Zitrone (unbehandelt)
1 EL Zitronensaft
je 1 Prise gemahlener Zimt und gemahlene Nelken
Salz
frisch gemahlener Pfeffer
1 kleine gelbe Paprikaschote
16 eingelegte Weinblätter
2 EL Olivenöl

Außerdem:
Küchengarn
Alufolie

Zubereitungszeit: 60 Minuten

Pro Portion:
E: 7 g, F: 16 g, Kh: 39 g, kJ: 1384, kcal: 331

1 Zwiebel und Knoblauch abziehen und in kleine Würfel schneiden. Butter oder Margarine in einem Topf zerlassen. Zwiebel-, Knoblauchwürfel und den Reis darin andünsten. Brühe hinzugießen und zugedeckt etwa 20 Minuten ausquellen lassen.

2 Pinienkerne in einer Pfanne ohne Fett hellbraun rösten und abkühlen lassen. Backpflaumen in kleine Würfel schneiden. Pflaumenwürfel mit Zitronenschale und -saft, Zimt, Nelken, Salz und Pfeffer mischen. Paprika halbieren, entstielen, entkernen, die weißen Scheidewände entfernen. Schote waschen und in kleine Würfel schneiden.

3 Reis mit Pinienkernen, Pflaumen- und Paprikawürfeln mischen. Mit den Gewürzen abschmecken.

4 Die Weinblätter evtl. abspülen, trockentupfen, auf einer Arbeitsfläche ausbreiten und mit je 1 Esslöffel der Reismischung füllen. Die Blätter einschlagen und zu Päckchen formen. Mit Rückengarn zusammenbinden.

5 Die Dolmades mit Olivenöl bestreichen, auf Alufolie legen und von jeder Seite 3–5 Minuten grillen.

Tipp: *Dolmados mit einem Dip reichen, z. B. 200 g Naturjoghurt mit Salz, Pfeffer, Zucker und Paprikapulver verrühren. Zwei durchgedrückte Knoblauchzehen unterrühren. 1 Tomate waschen, abtropfen lassen, kreuzweise einschneiden und kurz in kochendes, dann kurz in kaltes Wasser legen, enthäuten, halbieren, entkernen und Stängelansatz herausschneiden. Fruchtfleisch in Würfel schneiden, unterrühren oder eine gewürfelte, entkernte Chilischote unterrühren. Weinblätter aus der Dose oder aus dem Glas müssen vor dem Verzehr evtl. gewässert werden, da sie sonst zu salzig schmecken. Weinblätter, in Folie eingeschweißt, sind nicht so salzig.*

Gratinierte Austernpilze „Bäuerliche Art"

12 große Austernpilze (etwa 720 g)
400 g fest kochende Kartoffeln, z. B. Hansa
160 g magerer roher Schinken
1 Bund Frühlingszwiebeln (etwa 250 g)
1 Bund Majoran
8 EL Speiseöl
Salz
frisch gemahlener Pfeffer
120 g geriebener Emmentaler-Käse
20 g Butter oder Margarine

Zubereitungszeit: 40 Minuten
Backzeit: 10–15 Minuten

Pro Portion:
E: 25 g, F: 35 g, Kh: 17 g, kJ: 1994, kcal: 476

1 Austernpilze putzen, mit Küchenpapier abreiben und die Wurzelansätze abschneiden.

2 Kartoffeln waschen, schälen, abspülen und in kleine Würfel schneiden. Kartoffeln mit Salzwasser bedeckt zum Kochen bringen, in 10–15 Minuten mit Deckel gar kochen. Die garen Kartoffeln abgießen, mit kaltem Wasser abschrecken und abtropfen lassen.

3 Schinken in kleine Würfel schneiden. Frühlingszwiebeln putzen, waschen, abtropfen lassen und in Ringe schneiden. Majoran abspülen und trockentupfen. Die Blättchen von den Stängeln zupfen. Blättchen fein hacken.

4 3 Esslöffel von dem Speiseöl in einer Pfanne erhitzen. Kartoffel- und Schinkenwürfel darin andünsten. Zwiebelringe hinzugeben und einige Minuten mit andünsten. Mit Salz und Pfeffer würzen. Majoran unterrühren.

5 Restliches Speiseöl in einer großen Pfanne erhitzen. Austernpilze darin anbraten. Anschließend in eine flache Auflaufform legen. Austernpilze mit der Kartoffel-Schinken-Masse füllen und mit Käse bestreuen. Butter oder Margarine in Flöckchen darauf verteilen. Die Form auf dem Rost in den Backofen schieben.

Ober-/Unterhitze: etwa 200 °C (vorgeheizt)
Heißluft: etwa 180 °C (vorgeheizt)
Gas: Stufe 3–4 (vorgeheizt)
Backzeit: 10–15 Minuten.

Tipp: *Statt Austernpilze können auch Köpfe von Steinpilzen oder Maronenröhrlingen verwendet werden. Vor dem Servieren mit einigen Majoranzweigen garnieren. Servieren Sie die Austernpilze als Vorspeise mit einem frischen Salat.*

Gefüllte Zucchinitaler mit Polenta

3 große Zucchini (je etwa 400 g)
1 Schalotte
1 Bund glatte Petersilie
2 EL Olivenöl
100 g Polenta (Maisgrieß)
600 ml Gemüsebrühe
Salz
frisch gemahlener Pfeffer
120 g geriebener Parmesan-Käse
Salzwasser
(auf 1 l Wasser 1 TL Salz)
etwas Parmesankäse

Zubereitungszeit: 45 Minuten
Backzeit: 10–15 Minuten

Pro Portion:
E: 16 g, F: 17 g, Kh: 24 g,
kJ: 1326, kcal: 316

Beilage: *Gebratener Fisch.*

1 Zucchini waschen, abtrocknen und die Enden abschneiden. Zucchini leicht schräg in 16 Scheiben (etwa 3 cm dick) schneiden. Jeweils aus den Zucchinischeiben mit einem Teelöffel eine Vertiefung aushöhlen. Das ausgehöhlte Fruchtfleisch in kleine Würfel schneiden.

2 Schalotte abziehen und in ebenfalls in kleine Würfel schneiden. Petersilie abspülen und trockentupfen. Die Blättchen von den Stängeln zupfen (einige Blättchen beiseite legen). Blättchen fein hacken.

3 Olivenöl in einem Topf erhitzen, Schalotten- und Zucchiniwürfel darin andünsten. Maisgrieß hinzugeben, unter Rühren etwa 2 Minuten anrösten lassen. Brühe hinzugießen. Die Zutaten unter Rühren etwa 5 Minuten kochen lassen. Den Topf von der Kochstelle nehmen. Maisgrieß mit Salz und Pfeffer würzen. Petersilie und etwas von dem Käse unterrühren. Die Masse etwas abkühlen lassen.

4 Salzwasser zum Kochen bringen. Die ausgehöhlten Zucchinischeiben etwa 2 Minuten darin blanchieren. Zucchinischeiben in ein Sieb geben, mit kaltem Wasser übergießen, abtropfen lassen, in eine große, flache Auflaufform legen und mit der Grießmasse füllen. Restlichen Käse darauf streuen. Die Form auf dem Rost in den Backofen schieben.

Ober-/Unterhitze: etwa 200 °C (vorgeheizt)
Heißluft: etwa 180 °C (vorgeheizt)
Gas: Stufe 3–4 (vorgeheizt)
Backzeit: 10–15 Minuten.

5 Die gefüllten Zucchinitaler mit den beiseite gelegten Petersilienblättchen garniert und mit gehobeltem Parmesan-Käse bestreut servieren.

Gefüllte Paprikaschoten
(Titelfoto)

5 rote Paprikaschoten
1 grüne Paprikaschote
Salzwasser
1 Zwiebel
2 Knoblauchzehen
400 g gemischtes Gehacktes (halb Rind-, halb Schweinefleisch)
250 ml (1/4 l) Gemüsebrühe
Salz
frisch gemahlener Pfeffer
2 gh. TL Instant-Bratensauce
200 g gekochter Reis
Paprikapulver edelsüß

Zubereitungszeit: 40 Minuten
Garzeit: etwa 20 Minuten

Pro Portion:
E: 24 g, F: 24 g, Kh: 28 g, kJ: 1784, kcal: 426

1 Paprikaschoten senkrecht halbieren, entkernen, die weißen Scheidewände entfernen. Schoten waschen und abtropfen lassen. Je 1 rote und die grüne Paprikaschote in kleine Würfel schneiden. Restliche Paprikaschotenhäften in kochendem Salzwasser etwa 5 Minuten blanchieren, mit kaltem Wasser übergießen, in einem Sieb gut abtropfen lassen.

2 Zwiebel und Knoblauch abziehen und würfeln. Speiseöl in einer großen Pfanne erhitzen, Gehacktes unter Rühren darin anbraten, dabei die Fleischklümpchen mit einer Gabel zerdrücken. Zwiebel- und Knoblauchwürfel hinzugeben und mit andünsten. Paprikawürfel unterrühren und ebenfalls kurz mit andünsten. Brühe hinzugießen und aufkochen lassen. Mit Salz und Pfeffer würzen, mit der Bratensauce binden. Reis unterheben. Nochmals mit Salz, Pfeffer und Paprika abschmecken

3 Die Paprikahälften mit der Gehacktes-Reis-Mischung füllen und in eine flache Auflaufform (gefettet) setzen. Die Form auf dem Rost in den Backofen schieben.

Ober-/Unterhitze: 180–200 °C (vorgeheizt)
Heißluft: 160–180 °C (vorgeheizt)
Gas: etwa Stufe 3 (vorgeheizt)
Backzeit: etwa 20 Minuten.

Beilage: *Gemischter Salat.*

Frisches Gemüse ist reich an Vitaminen, Mineralstoffen, Kohlenhydraten, Ballaststoffen und Spurenelementen. Um den Nährstoffverlust bei der Zubereitung von Gemüse gering zu halten, sollten Sie folgende **Tipps** beachten:
Kaufen Sie frisches knackiges, wenn möglich einheimisches Gemüse der Saison.
Verarbeiten Sie das Gemüse am Tag des Einkaufs bzw. lagern Sie es 1–2 Tage kühl und dunkel, vermeiden Sie längere Lagerzeiten.
Putzen Sie das Gemüse erst kurz vor der Zubereitung, zerkleinern Sie es erst nach dem Waschen und lassen Sie das Gemüse nicht länger im Wasser liegen.
Bei der Zubereitung sollte Gemüse nach Möglichkeit schonend und bissfest gegart werden.

Tipps zum Aushöhlen und Vorbereiten der verschiedenen Gemüsearten:
Gut geeignet zum Aushöhlen von Gemüse ist ein Kugelausstecher.

Sie können weicheres Gemüse, z. B. Tomaten auch mit einem Teelöffel aus Metall aushöhlen. Dieser eignet sich auch zum Aushöhlen von frischem knackigen Kohlrabi bzw. von vorgegartem Gemüse.

Zum Füllen von ganzen Paprikaschoten schneiden Sie einen Deckel mit einem Messer ab und entfernen Sie die weißen Scheidewände und Kerne mit einem Löffel aus Metall.

Bevor Sie gefüllte Artischocken genießen können, ist etwas Mühe und Geduld Voraussetzung.

Zuerst schneiden Sie die Stiele und oberen Spitzen ab. Um braune Verfärbungen an den Schnittstellen zu verhindern, binden Sie Zitronenscheiben mit Küchengarn auf die Schnittstellen. Nach dem Garen der Artischocken entfernen Sie das Küchengarn und die Zitronenscheiben. Dann lösen Sie vorsichtig einige Mittelblätter heraus und entfernen mit einem Teelöffel oder Kugelausstecher das Heu (Flaum) vom Artischockenboden.

Äußere Kohlblätter, die Sie zum Einrollen einer Füllung benutzen, sollten nach dem Blanchieren biegsam und elastisch sein. Wichtig ist es dabei, die mittlere Blattrippe etwas flach zu schneiden. Den restlichen Kohlkopf können Sie in kleine Streifen schneiden, blanchieren, einfrieren und bei Bedarf zu Eintöpfen oder Gemüsebeilagen verarbeiten.

Unsere Vorschläge für die verschiedenen Füllungen können Sie nach Ihren persönlichen Vorstellungen mit anderen Gemüsesorten variieren.

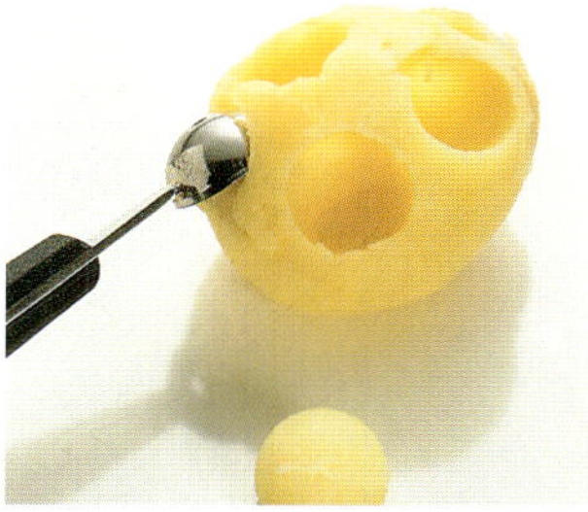

Alphabetisches Register

In dieser Reihe sind bisher außerdem erschienen:
Hackfleisch, Spargel und Kalte Platten.
Sie erhalten diese Bücher im Buchhandel.

Umwelthinweis: Dieses Buch und der Einband wurden auf chlorfrei gebleichtem Papier gedruckt. Die Einschrumpffolie - zum Schutz vor Verschmutzung - ist aus umweltfreundlichem und recyclingfähigem PE-Material.

Wenn Sie Anregungen, Vorschläge oder Fragen zu unseren Büchern haben, rufen Sie uns unter folgender Nummer an 0521 155-2580 oder 520650 oder schreiben Sie uns:
Dr. Oetker Verlag KG, Am Bach 11, 33602 Bielefeld.

Redaktion: Carola Reich, Annette Riesenberg, Andrea Gloß

Titelfoto: Thomas Diercks, Hamburg

Innenfotos: Thomas Diercks, Hamburg (S. 5, 7, 11, 23, 25, 29, 33, 43, 47, 51, 63, 67, 69, 75, 79, 83)
Brigitte Wegner, Bielefeld (S. 19)
Ulli Hartmann, Bielefeld (S. 9, 13-17, 21, 27, 31, 35, 39, 41, 45, 49, 53, 57, 61, 65, 71, 73, 77, 81, 85, 89, 91)
Herbert Maass, Hamburg (S. 37, 55)
Fotostudio Teubner, Füssen (S. 59)
Bernd Wohlgemuth, Hamburg (S. 87)
Norbert Toelle, Bielefeld (S. 5)

Rezeptentwicklung und -beratung: Gerhard Ruhle, Hamburg
Mechthild Plogmaker, Dr. Oetker Versuchsküche

Nährwertberechnungen: Nutri Service, Hennef

Grafisches Konzept: Kontur Design, Bielefeld
Gestaltung: Kontur Design, Bielefeld
Titelgestaltung: Kontur Design, Bielefeld

Reproduktionen: Mohn • Media Mohndruck GmbH, Gütersloh
Satz: Typografika, Bielefeld
Druck und Bindung: Mohn • Media Mohndruck GmbH, Gütersloh

ISBN 3-7670-0731-2